Die *Strettoby Grannies* und ihre deutschen Kolleginnen, die Niederstedter Großmütter, sind wieder da. Die Geschichte der Unternehmungen, Taten und Eskapaden der bissigen Omas geht weiter. Nach wie vor bilden die etwas exzentrischen streitbaren älteren Damen in den Augen von *Chief Inspector Plank B.A.* eine besondere Herausforderung, ja eine Bedrohung der öffentlichen Sicherheit und Ordnung, der unter allen Umständen Einhalt geboten werden muss. Obwohl die Damen keineswegs dem Bild entsprechen, das sich ‚anständige Bürger' von Seniorinnen machen, sind die Omas eigentlich harmlos, wenn man sie nicht reizt. Mit ihren etwas ausgefallenen Aktionen im Nordosten Englands und in Norddeutschland gehen sie aktiv Ungerechtigkeiten und gesellschaftliche Missstände an bzw. zeigen Ärgernisse, Ungereimtheiten, Widersprüchliches oder Besorgniserregendes auf. Trotz ihrer Unangepasstheit laufen die älteren Damen selten aus dem Ruder. Chef-Oma Grimmelby mit dem grimmigen Blick hat sie nämlich meistens fest im Griff und muss sie nur selten ‚bändigen', dann aber in enger Zusammenarbeit mit der Ehrenpräsidentin des Vereins.

Jürgen Heimer, geboren 1946 in Cuxhaven, hat 27 Jahre im Nordosten Englands gelebt. Seit einigen Jahren wohnt er wieder in Norddeutschland. Nach Abschluss seiner Ausbildung zum Juristen arbeitete er sechs Jahre lang in einer norddeutschen Kommunalverwaltung. Dann wechselte er zu einer kirchlichen Organisation. Er absolvierte seine Ausbildung zum Diakon und zum Eheberater. Im Nordosten Englands arbeitete er als *Port Chaplain*, Eheberater und freiberuflich tätiger Berater und Supervisor. Durch seine langjährige Tätigkeit in den sehr unterschiedlichen Berufsfeldern in Deutschland und England sowie aufgrund seines späteren Soziologiestudiums mit abschließender kulturvergleichender Dissertation vermag er es als Insider-Outsider, die kulturellen, gesellschaftlichen und politischen Gegebenheiten beider Länder unter kritischer Distanz mit einer Art Blick von außen zu betrachten. Dabei fördert er manches Merkwürdige, Seltsame und Skurrile an Einstellungen, Gebräuchen und Verhaltensweisen von Menschen beider Kulturen zu Tage. 2010 schrieb er den satirischen Roman ‚Vorsicht! Bissige Omas!', der seine Fortsetzung in dem vorliegenden Band findet.

Jürgen Heimer

Die bissigen Omas machen Betrieb

Roman

Books on Demand

Personen und Handlung des Romans sind frei erfunden und reine Fantasiegebilde, ebenso die Verquickung mit tatsächlichen Ereignissen. Eventuelle Übereinstimmungen oder Ähnlichkeiten mit tatsächlichen Ereignissen, bestehenden oder erloschenen Organisationen, lebenden oder verstorbenen Personen wären rein zufällig und sind nicht beabsichtigt.

Achtung: ‚Oma Schmidt-Zackes Englisch für Durchblicker' im Anhang kann zum besseren Verständnis einiger vielleicht unbekannter englischer Ausdrücke bzw. Wortschöpfungen des Autors beitragen.

Herstellung und Verlag:
Books on Demand GmbH, Norderstedt
2011
ISBN 978-3-8423-5748-8
© Jürgen Heimer
Umschlagfoto: Wolfgang Feindt

<<Ungebändigte Omas am Morgen bringen Ärger und Sorgen; stramme Männer in der Nacht haben schon manche Oma um ihren Schlaf gebracht>>, verkündete Chef-Oma Grimmelby mit grimmigen Blick.

1 Wie üblich traf sich das Leitungsteam der *Strettonby Grannies United* bei der Vorsitzenden Sieglinde Grimmelby, genannt Chef-Oma, zum wöchentlichen gemeinsamen Fünfuhrtee, der häufig als Arbeits- und Planungssitzung diente. Alle Teilnehmerinnen waren, wenn auch nicht ganz pünktlich, in ihrer Vereinsuniform erschienen; im schwarzen Kleid mit rüschenbesetzten Puffärmeln, einer schwarzen Haube mit Rüschen und in dicker schwarzer Strumpfhose sowie *Doc Marten Boots*. Schatzmeisterin Emma Pingelby blätterte aufgeregt in ihren Unterlagen und überlegte zum wiederholten Male, wie sie dem Team die prekäre Lage der Vereinsfinanzen schonend vermitteln könnte. Auch Rosa Livingston, *Senior Citizen Worker* der Gemeindeverwaltung, sonst ruhender Pol, schien heute etwas aufgeregt zu sein und zupfte wiederholt an ihrer schwarzen Haube mit den Doppelrüschen, die sie als Ehrenpräsidentin der Strettonby Grannies mit großem Stolz trug. Chef-Oma Grimmelby schaute, wie es ihre Art war, grimmig in die Runde, zu der heute auch die stellvertretende Vorsitzende Ida *Aidby* und Dr. Adelgard *Mickeyby*, die Rechtsberaterin des Vereins, gehörten. Zur Überraschung sowohl der ständigen als auch der gelegentlichen Teilnehmerinnen der Sitzung war auch das einfache Vereinsmitglied Oma Edelgard *Naughtyby* zugegen.

Ohne große Umschweife eröffnete die Vorsitzende Sieglinde Grimmelby die Sitzung mit den Worten: <<Dies ist eine Geheimsitzung. Ich habe daher heute Nachmittag das ganze Haus von einem Fachmann auf Wanzen und versteckte Kameras untersuchen und von ihm Vorkehrungen dafür treffen lassen, dass auch ein Lauschangriff von draußen keinen Erfolg hätte. Hiermit verpflichte ich euch zu absoluter Geheimhaltung des hier Besprochenen und Verhandelten.>>

<<Na, Chef-Oma, steht es so schlecht um unseren Verein, oder hat gar unser lieber *Chief Inspector Fartarse B.A.* zum Generalangriff geblasen?>>

<<Nein, Adelgard, viel wichtiger. Eine Sache von, ja, einige würden sagen, nationaler Bedeutung. Daher werdet ihr jetzt alle den *Official Secrets Act* unterschreiben, und zwar ohne Murren, wenn ich bitten darf>>, fügte Oma Grimmelby mit einem Blick hinzu, der auf sechs Schritte töten konnte. <<Oma Naughtyby hat die Dokumente.>>

Als alle ihre Unterschrift geleistet hatten und damit nunmehr bei Verstoß gegen die Geheimhaltungspflicht strafrechtlich verfolgt werden konnten, fuhr die Chef-Oma, zur Überraschung der Teilnehmerinnen fast freundlich blickend, fort: <<Wie ihr vielleicht wisst, hatte Oma Naughtyby in ihrer aktiven Zeit Kontakte zu unserem Geheimdienst. Daher ist man kürzlich wohl gerade über sie mit einer Anfrage an uns herangetreten. Nun versteht ihr sicher auch, warum Oma Naughtyby heute an unserem Fünfuhrtee teilnimmt.>>

<<Schön und gut, Sieglinde, aber du weißt doch, dass ich mit staatlichen Stellen und besonders Geheimdiensten und ähnlichen Organisationen nichts am Hut habe>>, gab Dr. Adelgard Mickeyby zu bedenken.

<<Weiß ich doch, Adelgard, aber hör erst mal zu, worum es geht! Vielleicht hast du ja Lust mitzumachen. Übrigens, niemand wird hier zu etwas gezwungen. Ihr könnt euch völlig frei entscheiden, nur dürft ihr über die Sache auf keinen Fall sprechen. Das Wort hat nun Edelgard Naughtyby.>>

<<Sehr geehrte Frau Ehrenpräsidentin, sehr geehrte Chef-Oma, liebe Mit-Omas, unser Geheimdienst hat offensichtlich schon seit längerer Zeit von unseren Aktivitäten gehört, und zwar durch Chief Inspector Plank B.A.; unser allerliebster Fartarse, hat, dienstgeil wie er ist, dem Geheimdienst regelmäßig berichtet. Und

überraschenderweise haben die Leute sich köstlich amüsiert und wollen mit uns ins Geschäft kommen.>>

<<Das vermag ich kaum zu glauben. Die haben doch sonst null *Sense of Humour*. Irgendwas stimmt da nicht>>, warf Oma Mickeyby ein.

<<Tja, schon merkwürdig, aber hör mal weiter zu! Die beobachten schon seit Jahren die rechtsextremen Tendenzen sowie die rapide steigende Ausländerfeindlichkeit und Intoleranz in Deutschland. Das verwundert schon, wo sie doch sonst eher dazu neigen, die *Reds under the Beds* als nationale Gefahr zu sehen. Aber seit dem Sarrazin-Buch und der positiven Reaktion darauf von weiten Bevölkerungsteilen macht man sich große Sorgen um die Demokratie in Deutschland. Man weiß zwar, dass es auch im heutigen Deutschland immer schon ein nennenswertes Reservoir von äußerst rechten Ideen und Vorstellungen gegeben hat. Aber nun ist man doch sehr besorgt. Nach Umfrageergebnissen sollen immerhin 43% der befragten Bevölkerung die Thesen Sarrazins für richtig halten, und selbst an der SPD-Basis soll es viele geben, die Sarrazin verteidigen. Da überrascht es zwar, wenn das Parteiausschlussverfahren gegen Sarrazin ziemlich plötzlich eingestellt wird, verwundert aber nicht. Und sein Buch befindet sich seit längerer Zeit an der Spitze der Bestsellerlisten. Außerdem muss man sich Sorgen um die Freiheitsrechte in Deutschland machen. So warnte der ehemalige Vizepräsident des Bundesverfassungsgerichts bereits bei der Präsentation des Grundrechte-Reports vor einer zunehmenden Gefährdung der Freiheitsrechte.>>

<<Mir macht das auch Sorgen, Edelgard, denn Demokratie und Grundrechte, insbesondere die Freiheitsrechte, und Toleranz gegenüber den Mitmenschen sind mir besonders wichtig, wie ihr wisst. Manchmal denke ich, vielleicht haben wir und die anderen westlichen Siegermächte bei der Umerziehung der Deutschen nach dem 2. Weltkrieg nicht ordentlich gearbeitet. Na ja, mag es sein

wie es will. Was wollen deine Geheimdienstheinis von uns?>>, wunderte sich Dr. Mickeyby.

<<Wir sollen als Agenten beim niedersächsischen Verfassungsschutz anheuern.>>

<<Edelgard, jetzt gehst du wirklich zu weit. Wir alle wissen, dass du mit Vorliebe *naughty* bist und so manchen Mist anstellst, um uns und andere zu foppen.>>

<<Geb ich ja zu, Leute, aber das mit den Agenten stimmt. Laut deutschen Zeitungsberichten sucht die niedersächsische Polizei zur Beobachtung der deutschen Anti-Atom-Bewegung „informelle Mitarbeiter", mit anderen Worten Informanten aus der Atomkraftgegnerszene.>>

<<Wie viel zahlen die denn?>>, erkundigte sich die Schatzmeisterin Pingelby interessiert. <<Extra Einnahmen würden unserer Vereinskasse sehr guttun.>>

<<Immer nur Kohle im Kopf, was Emma. Nun, ich denke, da ist finanziell einiges drin.>>

<<Wenn das so ist, bin ich natürlich dafür>>, meinte Oma Pingelby und lehnte sich entspannt zurück.

<<Nehmen die denn auch Ausländerinnen wie uns als Agenten? Uns mit unseren britischen Pässen und der Abstammung von den Wikingern?>>, gab Oma Aidby zu bedenken.

<<Kommt auf nen Versuch an. Vielleicht sind die seitdem sie den Ministerpräsidenten mit schottischen Hintergrund haben insoweit ganz aufgeschlossen. Und bestimmt hilft es, dass Briten in der Sicht der meisten Deutschen zur sog. Ausländerkategorie I gehören und deshalb noch vergleichsweise gut angesehen sind. Und der deutsche Geheimdienst ist vielleicht auch ganz heiß auf vertrauliche Informationen aus unserem Land. Unser Geheimdienst würde uns dann ggfs. mit vertraulichen, aber unschädlichen Informationen versorgen.>>

<<Aber sind wir mit unserer doch sehr unangepassten Art nicht ungeeignet für den Job?>>, zweifelte Oma Grimmelby.

<<Na, gerade deswegen. Unser Verein ist doch als unangepasst und äußerst auffällig bekannt, Sieglinde. Nach Chief Inspector Plank stellen wir eine Gefahr für die freiheitlich-demokratische Grundordnung dar und gehören alle hinter Schloss und Riegel>>, grinste Oma Mickeyby.

<<Und nach den Erkenntnissen meiner Kontakte in unserem Geheimdienst, berichtet Fartarse auch den deutschen Behörden regelmäßig über unsere Aktivitäten sowie die unserer Partnervereine im Ausland. Unsere Leute wissen davon. Und für uns wäre das wichtiges Kapital. Praktisch ne halbe Eintrittskarte>>, ergänzte Oma Naughtyby.

<<Zwar sind wir bisher noch nicht in der Anti-Atom-Bewegung aufgefallen, aber das könnten wir leicht nachholen. Auch ich war schon immer gegen die Atomkraft, und viele von uns teilen diese Meinung>>, lachte Dr. Mickeyby und rieb sich die Hände. <<Als Informanten hätten wir eine hervorragende Tarnung und könnten sicherlich Interessantes nach Hause berichten. Zwar lässt sich vieles den öffentlich zugänglichen deutschen Medien entnehmen, wenn man sie gezielt und sorgfältig auswertet, was ich ja in meinen diversen Ausbildungen gelernt habe. Doch nichts geht über zusätzliche Informationen und Eindrücke aus dem deutschen Umfeld. Ich sehe schon unsere fundierten Lageberichte vor meinem geistigen Auge. Wenn dann noch unser Geheimdienst für den Aufenthalt in Deutschland zahlt und von deutscher Seite auch ein Beitrag für unsere Vereinskasse geleistet wird, freut sich nicht nur Oma Pingelby. Na, ich geb's ja zu: Ich könnte dann auch meine Forschungen über die deutschen Bordelle fortsetzen und ein neues Buch über die Puffs schreiben. Das letzte war, wie ihr wisst, ein echter Renner. Es soll da jetzt auch sog. Flatrate-Puffs geben, klingt sehr interessant.>>

<<Pfui Adelgard, du weißt doch, dass ich diesen Schweinkram nicht mag, diese liederlichen Häuser>>, schimpfte die Chef-Oma mit grimmigen Blick.

11

<<Verzeih Chef-Oma. Also, ich wollte nur sagen, dass ich gerne mitmachen würde. Jemanden zu foppen, der es verdient, hat mir schon immer Spaß gemacht. Und dann geht es da noch um die gute Sache, denn die Entwicklung in Deutschland macht mir, wie schon gesagt, große Sorgen. Wer macht noch mit?>>

<<Ich muss leider auf unsere Finanzen aufpassen. Da kann ich hier nicht weg, Adelgard>>, sagte die Schatzmeisterin.

<<Da Rosa und die Chef-Oma hier auch unabkömmlich sind, nehmen wir am besten Oma Aidby, Oma Plauzenby und Oma Purzelby mit, nicht wahr Edelgard. Vielleicht auch Oma Lümmelby, denn ihr Joint-Rauchen erregt immer viel Aufmerksamkeit und lenkt vom Eigentlichen ab.>>

<<Also, die Strettonby Grannies United unterstützen das Projekt>>, fasste Oma Sieglinde Grimmelby zusammen. <<Du Edeltraut, berichtest deinen Kontakten. Wir treffen uns in zwei Wochen hier wieder zum Fünfuhrtee, um dann alles Weitere zu beraten. Ich denke, wir sollten die Sache als Seniorinnenaustausch mit unserem Partnerverein in Deutschland, den Niederstedter Vereinigten Großmüttern, laufen lassen. Aber das sind nur erste Überlegungen. Ich danke euch für eure aktive Mitarbeit und schließe die heutige Sitzung. Und nicht vergessen: *Mum's the word!*

2   <<Mundet es euch?>>, fragte Oma Grimmelby zwei Wochen später die zu diesem *Five o' Clock Tea* eingeladenen Omas.

<<Na klar. Alles prima, Chef-Oma>>, antwortete Oma Plauzenby zwischen zwei Bissen. <<Das hatte ich gar nicht erwartet *Cucumber Sandwiches* ohne Rinde, *Scones with Clotted Cream* und Erdbeermarmelade; so vornehm habe ich schon lange nicht mehr gespeist. Sag mal, Chef-Oma, beschäftigst du jemand, der das Haus putzt, und hast du auch einen *Aga*, und kaufst Du bei *Waitrose* ein?>>

<<Ja, doch. Aber was sollen diese Fragen, Annabell?>> erkundigte sich Sieglinde Grimmelby mit leicht grimmigen Blick.

<<Dachte ich's mir, du bist *posh*. Denn du sagst außerdem *‚Supper'* statt *‚Dinner'* zum Abendessen, gibst mehr als £ 10 für eine Flasche Wein aus und weißt, was Prosecco ist. Und gelegentlich erzählst du den Leuten, welche Schule du besucht hast. Und dann begrüßt du uns immer mit Küsschen auf beide Wangen. Wenn das nicht *posh* ist, will ich nicht Oma Plauzenby heißen.>>

<<Was, ich und *posh*! Eine unverschämte Unterstellung, Oma Plauzenby. Und übrigens ich leide es auch nicht, wenn jemand mit offenem Mund kaut. In unseren Kreisen isst man manierlich! Merk dir das doch mal, Annabell!>>

Trotz Oma Grimmelbys eisiger Blicke in die Runde konnten sich die Anwesenden ein Lachen nicht verkneifen, und Oma Naughtyby bemerkte <<Selbstverständlich bist du nicht *posh* Chef-Oma, denn das würde ja deine Heiratsaussichten herabsetzen. Nach einer kürzlichen Umfrage haben nämlich 11% der Befragten gesagt, sie würden auf keinen Fall eine Person heiraten, die *posh* ist.>>

<<Tut man euch mal was Gutes, dann das. Ich bin zutiefst enttäuscht. Ich glaube, ich sollte euch alle zu Oma *Ponzenby* und

Oma Schmidt-Zacke, den Betreiberinnen des *Institute for Growth and Decision-Making* schicken, damit ihr lernt, wo es langgeht>>, drohte die Chef-Oma mit beleidigter Mine.

<<Da gehe ich nicht hin. So bekloppt bin ich doch nicht>>, schimpfte daraufhin Oma Plauzenby.

<<Immer mit der Ruhe, Leute>>, griff die Ehrenpräsidentin Rosa Livingston ein. <<Ihr habt doch nicht den Anlass unseres heutigen Treffen vergessen: Die Planung unseres Einsatzes in Deutschland. Zwischenzeitlich sind Oma Grimmelby und Oma Naughtyby sehr aktiv gewesen. Alle gut zuhören. Das ist jetzt wichtig!>>

<<Ich hab mich mit Oma Gerda Zumpelby, der Vorsitzenden unseres Partnervereins der Vereinigten Großmütter - Ortsgruppe Niederstedt, in Verbindung gesetzt. Wie ihr wisst, stammt Oma Zumpelby, wie wir, von den Wikingern ab und hat noch den alten Wikingerkampfgeist. Sie freut sich auf unser Kommen und den Seniorinnenaustausch. Von dort werden dann einige deutsche Omas zu uns kommen, die sich schon auf das Leben hier und nicht zuletzt den Spaß mit Chief Inspector Fartarse freuen. Die Unterbringung erfolgt jeweils bei den Mitgliedern. Da unsere Austauschseniorinnen, auch nach dem Rat unseres Geheimdienstes, als Linke und Protestler auffallen sollen, hat Oma Zumpelby schon eine Vortragsreihe bei diversen deutschen Vereinigten Großmüttern arrangiert. Dr. Adelgard Mickeyby wird auf den Treffen der deutschen Omas Vorträge über das unterschiedliche Konfliktlösungsverhalten in Großbritannien und in Deutschland halten und dabei deutlich machen, dass, was ja leider zutrifft, in Deutschland die Reaktionen der staatlichen Organisationen, inklusive der vieler Politiker und Medien zur Polarisierung und zur Eskalation, auch der Gewalt, beitragen. Ein weiteres Gebiet für ihr Vorträge wird u.a. die sog. deutsche Integrationsdebatte sein. Da unsere Adelgard sicher nicht die Thesen Sarrazins vertreten wird, rechnet auch Oma Zumpelby mit Drohungen und Ähnlichem durch Andersdenkende. Zwar soll

Sarrazin für seine Veranstaltungen Polizeischutz bekommen haben. Weder Oma Zumpelby noch ich rechnen jedoch damit, dass unsere Omas einen solchen Schutz bekämen. Aber keine Angst, unsere tatkräftige Oma Plauzenby und Oma Schmidt-Zacke sind ja dabei. Wenn ihr euch noch erinnert, ist Brunhilde Schmidt-Zacke Ex-Bundeswehr. Sie war dort fast 30 Jahre und hat den vollen Durchblick.>>

<<Brunhilde ist schwer in Ordnung. Auf die ist Verlass. Wisst ihr noch, wie wir damals zusammen mit ihr bei der *Pantomime* Fartarse, den Chief Inspector B.A., verhaftet haben. Ich bin dabei, solange sie mich mit ihrem Psycho-Kram in Ruhe lässt.>>

<<Apropos Psycho-Kram, Annabell. Oma Schmidt-Zacke und Oma Ponzenby, die gerade Kurse in Deutschland halten, bilden zwei Neuzugänge der Niederstedter Omas aus. Es handelt sich um zwei Omas, die bis vor kurzem in Hamburg in einem zwielichtigen, um nicht zu sagen, nicht sehr sittlichen Etablissement an der Tür als Rezeptions- und Verabschiedungsdamen gearbeitet haben.>>

<<Das heißt, als Koberer und Rausschmeißer, Chef-Oma>>, platzte es aus Oma Plauzenby heraus. <<Aber, warum müssen die denn zu den Psycho-Omas. Tatkräftiges Zu- und Hinlangen können die doch.>>

<<Tja, die müssen noch Reflexion und durchblickende Planung und Selbstbeherrschung lernen. Täte dir, Annabell, manchmal ganz gut, wenn ich so an deine Geschichten mit den Rüstigen Rentnern und deine sog. tatkräftigen Diskussionen denke. Nun, zum Glück bist du inzwischen etwas ruhiger und besonnener geworden. Nach Oma Ponzenby machen die beiden Omas, die sich Max und Moritz nennen, gute Fortschritte. ... Aber zurück zu Adelgards Vorträgen: Wir, und auch unser Geheimdienst, rechnen damit, dass ihr durch die Vorträge und euer sonstiges auffälliges Verhalten ohne große Schwierigkeiten die Aufmerksamkeit der deutschen Polizei bzw. des Geheimdienstes auf euch ziehen könnt,

denn Linke sind dort von je her verdächtig und werden in vielen Bundesländern regelmäßig überwacht. Und das offensichtlich mit Absegnung des Bundesverwaltungsgerichts. Also: *Piece of Cake*. Damit seid ihr für die nach informellen Mitarbeitern Suchenden sehr interessante Leute.>>

    <<Klingt überzeugend, Sieglinde. Ich bin dabei. Diese Überwachung ist relativ besorgniserregend. Neulich soll der Innenminister eines Bundeslandes sogar die Bevölkerung in einem Interview aufgefordert haben, Menschen in ihrem Umfeld, die durch eine Radikalisierung Ihrer Meinungen und Äußerungen auffallen, den Sicherheitsbehörden zu melden. Und die Vorträge sind für mich kein Problem. Habe in der Vergangenheit eingehend zu diesen Themen gearbeitet und kann bei den deutschen Omas und anderen Interessierten viel politische Aufklärungsarbeit leisten. In diesem Zusammenhang kann ich dann auch die Beobachtungen und Erkenntnisse des international anerkannten Soziologen Heitmeyer einer breiteren Öffentlichkeit zugänglich machen>>, merkte Dr. Mickeyby zufrieden an und führte weiter aus: <<Nach Heitmeyer haben in der letzten Zeit in Deutschland innergesellschaftliche Feindbilder an Bedeutung gewonnen, und das nicht nur im Hinblick auf die Äußerungen von Politikern wie Westerwelle, sondern über das gesamte politische Spektrum. Besonders bei den Besserverdienenden mit mehr als € 2600 Nettoeinkommen im Monat seien zunehmende Islamfeindlichkeit und abwertende, verachtende, unzivilisierte, verrohte und aggressiv aufgeladene Einstellungen gegenüber den Schwachen in der Gesellschaft zu beobachten. Die Höherverdienenden hätten Angst um ihre Privilegien und deren Steigerung und verteidigten diese vehement durch die Abwertung der sog. Schwachen sowie der Fremden als nutzlos .>>

    <<Und das, obwohl, oder gerade weil in Deutschland seit Jahren von unten nach oben umverteilt worden ist und es den Besserverdienenden wahrlich nicht schlecht geht>>, bemerkte Rosa.

16

<<Auch ich habe meine Schularbeiten gemacht und die Sache ausgiebig mit meinen Geheimdienstkontakten besprochen>>, erklärte nun Oma Naughtyby. Falls was schief gehen sollte, werden sie zwar bestreiten, uns zu kennen. Aber ich habe erreicht, dass sie bei unserer Botschaft in Berlin für alle Omas im Einsatz britische Diplomatenpässe hinterlegen. War ein ziemlicher Kampf. Ich denke, wir können meinen Kontakten vertrauen, denn sie haben hohe Stellungen inne, und ich kenne sie schon lange. Rein vorsorglich: Falls mir was passieren sollte, oder ich nicht erreichbar sein sollte, fragt im Notfall nach ‚Schneeweißchen' oder ‚Rosenrot'; sie würden dann die nötigen Kontakte herstellen. Sonst läuft alles, wie bereits vorbesprochen. Wir sollen alle mit Oma Mickeybys Sharan nach Deutschland fahren. Und dort steht uns dann auch noch die Fahrbereitschaft der Niederstedter Omas zu Verfügung. Weitere Details während der Anreise. Abreise übermorgen 14.00Uhr.>>

<<Falls keine weiteren Fragen bestehen, schließe ich hiermit die Sitzung>>, sagte Rosa Livingston.

<<Augenblick bitte, Rosa. Wie sieht es aus? Können wir über Weihnachten nach Hause kommen. Ich habe gerade gelesen, dass z. B. das ZDF sich schon auf eine besinnliche Stimmung zu Weihnachten einrichtet. Und, wie ihr wisst, liegt mir das Besinnliche und das Inmichgehen nicht so sehr. Ich hab dann Angst, in eine Depression und damit in die Hände von Oma Ponzenby und Oma Schmidt-Zacke zu fallen. Das muss ich nicht haben. Ich will eine britische *Happy and Merry Christmas.*>>

<<Ich denke, das lässt sich machen, nicht wahr Oma Grimmelby.>>

<<Kein Problem. Aber da fällt mir noch etwas ein>>, meinte die Chef-Oma. << Ich werde euch von Zeit zu Zeit in Deutschland besuchen, um nach dem Rechten zu sehen. Und übrigens, bei der Anreise nach Deutschland fahrt ihr direkt nach Niederstedt, ohne Umwege über die unanständigen Viertel in Amsterdam und

Hamburg, in denen ihr euch bei der Reise letztes Jahr rumgetrieben habt!>>

<<Selbstverständlich, Chef-Oma. Dieses Jahr sind ja unser *Curate* Bill Jones und der Referendar Paul Henderson nicht mit dabei; und ohne die beiden macht der Besuch in den Rotlichtvierteln keinen Spaß. Die bekamen damals zuerst richtig rote Ohren, dann haben sie sich aber zusammen mit uns alles begeistert angesehen>>, grinste Oma Plauzenby.

<<Annabell Plauzenby. Es reicht. Du weißt genau, dass ich so etwas nicht leide>>, erwiderte Oma Grimmelby mit schneidender Stimme und vernichtendem Blick. <<So, und nun alle zum Singen aufstehen!>>

<<Singen wir jetzt die Internationale, Chef-Oma?>>, fragten die Omas Naughtyby und Plauzenby wie aus einem Mund.

<<Selbstverständlich nicht. Das könnt ihr nach Herzens Lust bei eurem Seniorenaustausch tun.>>, schimpfte Sieglinde Grimmelby und fügte mit grimmigem Blick hinzu: <<Hier wird, wie es sich gehört, unsere Nationalhymne gesungen. Ist da etwa jemand anderer Meinung. Doch wohl nicht.>>

3 Nach einer stürmischen Überfahrt mit P&O North Sea Ferries von Hull nach Rotterdam, bei der selbst Oma Plauzenby seekrank geworden war, freuten sich die inzwischen sechs Austausch-Omas wieder festen Boden unter den Füßen zu haben, auch wenn dies nur der Sharan von Dr. Adelgard Mickeyby war. Da das Schaukeln und Rollen des Schiffes bei Annabell Plauzenby immer noch nachwirkte, hatte Oma Mickeyby zunächst das Steuer übernommen und lenkte den Wagen durch den trotz gut ausgebauter Autobahnen dichten Rushhourverkehr von Rotterdam. Nur langsam erreichte man die Vororte Rotterdams und kam dann wesentlich schneller voran.

<<Na, Luzinde, du bist heute so still und hast auch noch nicht mal nach einer Raucherpause verlangt, obwohl wir schon knapp zwei Stunden unterwegs sind. Bist du krank?>>, erkundigte sich Ida Aidby besorgt bei Oma Lümmelby.

<<Mir geht es heute nicht so gut. Irgendwie dreht sich immer noch alles. Und ich hab keinen Appetit auf meinen Joint. Ich muss wohl irgendwie nicht so ganz auf dem Posten sein.>>

<<Adelgard, lass uns mit Luzinde zum Arzt fahren. Wenn ihr der Joint nicht mehr schmeckt, heißt das bei ihr Alarmstufe rot.>>

<<Lass dich von denen nicht verrückt machen, Luzinde>>, beruhigte sie Oma Purzelby, die, auf Drängen von Edelgard Naughtyby, kurz vor der Abreise in den Klub der Austauschseniorinnen aufgenommen worden war. <<Das wird wieder von selbst. Mir geht es auch schon viel besser.>>

Die Omas schliefen bzw. dösten vor sich hin. Plötzlich schreckten sie auf, denn das relativ ruhige Dahingleiten des Sharan hatte sich von einem Moment auf den anderen verändert. Der Wagen rumpelte und trampelte gelegentlich, und Oma Purzelby rief aufgeregt <<Halt an, Adelgard, ich glaube, es ist etwas Schlimmes mit dem Wagen!>>

<<Keine Angst, Leute, mein Sharan ist bestens in Ordnung. Aber wir haben gerade die niederländisch-deutsche Grenze passiert und sind jetzt in Deutschland. Und die Deutschen, die einmal die besten Fernstraßen in Europa besaßen, haben ihre Straßen über Jahre vernachlässigt, mit dem lapidaren Hinweis, man hätte kein Geld. So ist der Belag immer schlechter geworden, und die Zahl der Schlaglöcher steigt stetig. Außerdem sollen über 300 Autobahn- sowie Bundesstraßenbrücken baufällig sein. Und das, obwohl andere Länder trotz ähnlicher finanzieller Engpässe diese Probleme nicht haben. Ihr werdet sehen, die Haltung, man hätte kein Geld, und daher müsse man mit der zunehmenden Verschlechterung der Zustände eben leben, ist heutzutage in Deutschland sehr verbreitet und zeigt eine zunehmende Tendenz. Böse Zungen bezeichnen das als Scheißegalhaltung und sprechen schon von einer Bananenrepublik.>>

Die Omas schüttelten nur mit dem Kopf und wunderten sich.

<<Und das in dem Land von ‚Vorsprung durch Technik', auf das wir oft neidisch waren>>, meinte Oma Aidby.

<<Da ihr inzwischen richtig wachgerüttelt worden seid>>, fuhr Dr. Mickeyby fort, <<sollten wir zweckmäßigerweise jetzt das *Briefing* hinsichtlich eures Einsatzes in Deutschland vornehmen.>>

Nach eindringlichen Hinweisen auf die absolute Geheimhaltungspflicht und der Erörterung von wichtigen Details ihrer Mission, wollte Dr. Mickeyby gerade ihre Ausführungen beenden, als Edeltraut Purzelby sich aufgeregt zu Wort meldete: <<Adelgard, ich kann es kaum glauben, dass der deutsche Geheimdienst so auf die Linken fixiert ist und diese immer noch als eine Bedrohung und Gefahr für die freiheitlich-demokratische Grundordnung ansieht. Und das, obwohl viele Linke in verschiedenen deutschen Parlamenten sitzen, als gewählte Volksvertreter, mit anderen Worten Vertreter des Volkes sind.

Sind denn dann auch etwa zehn bis elf Prozent der deutschen Wähler als staatsgefährdend anzusehen?>>.

<<Darauf kannst du einen lassen, Oma Purzelby>>, frotzelte Annabell Plauzenby und bereute es sogleich; hatte nämlich Oma Purzelby, die ständig unter Verdauungsbeschwerden litt, gerade in diesem Moment zum Leidwesen ihrer Mitreisenden einen ihrer berühmt-berüchtigten Furze gelassen.

<<Also, ich weiß ja nicht, Edeltraut.... Du warst bei unseren Treffen nicht dabei. Wenn ich überlege, vielleicht ganz gut so. Nun, daher erklär ich dir die Geschichte einmal, und zwar anhand eines Beispiels aus dem Leben. Für euch Übrige ist das vielleicht auch ganz interessant. Also, im Herbst 2007 beantragte eine junge in Deutschland geborene und wohnhafte Landtagsabgeordnete der Linksfraktion die Einbürgerung. Ihre Eltern stammten aus Italien und Großbritannien; bekannterweise zwei EU-Länder. Der niedersächsische Verfassungsschutz und das zuständige Ministerium samt Minister sollen nach Medienberichten jahrelang die Einbürgerung behindert haben, weil das niedersächsische Innenministerium die Linkspartei als verfassungsfeindlich ansieht. Erst nach öffentlichen Protesten erfolgte die Einbürgerung schließlich im Frühjahr 2010... Deshalb erwarte ich keinerlei Probleme, dass wir ins Fadenkreuz des Verfassungsschutz kommen und unseren Auftrag erfüllen können.>>

<<Klingt plausibel. Aber komisch ist es schon, wo viele Leute und Politiker in Deutschland immer davon reden, die Ausländer müssten sich integrieren, und das ggfs. unter Ausübung von Zwang. Na, ich bin zwar ein bisschen doof, aber ich wüsste nicht, ob ich bei dem Theater einen solchen Pass haben wollte.>>

<<Bei Wanderarbeitnehmern aus den ost- und mitteleuropäischen Ländern scheint Deutschland auch nicht gerade beliebt zu sein. Die gehen lieber in andere EU-Staaten. Dabei hatte man in Deutschland schon aufgeregt vor einem Massenansturm gewarnt>>, warf Oma Plauzenby ein.

<<Na ja, ein typisches Beispiel für das Auseinanderklaffen von Eigen- und Fremdwahrnehmung>>, erklärte Dr. Mickeyby. <<Das Land macht es den Wanderarbeitnehmern mit der Anerkennung ihrer zu Hause erworbenen Qualifikationen zudem wesentlich schwerer als andere EU-Staaten, eine Tatsache, die nicht gerade attraktivitätsfördernd ist .>>

<<Lasst uns eine Pause einlegen>>, schlug Oma Mickeyby vor. <<Das Fahren auf den deutschen Autobahnen strengt mich ziemlich an. Da brackern Leute mit hoher Geschwindigkeit die linke Spur runter und sind fast beleidigt, wenn andere Verkehrsteilnehmer ihnen ‚im Wege sind'. Scheint sich überwiegend um Fahrer großer Modelle der Marken Mercedes, BMW, Porsche und Citroën zu handeln. Deutschland ist, glaube ich, das einzige europäische Land, in dem es keine Begrenzung der Höchstgeschwindigkeit gibt. Auch das zu dichte Auffahren bei hohen Geschwindigkeiten nervt, nicht nur mich, sondern ebenso viele der deutschen Autofahrer. Ferner überholen ungeduldige Fahrer dich rechts, und das selbst auf dreispurigen Autobahnen. Na ja, den Germanen scheint das Autofahren und das Auto selbst irgendwie heilig zu sein.>>
<<Stimmt, Adelgard. Gibt es nicht in Schwaben sogar den Ausdruck ‚heilig's Blechle'>>, merkte Oma Plauzenby an.

Nachdem die Omas sich bei dem Zwischenstopp gestärkt und deutsche Zeitschriften und Zeitungen gekauft hatten, wurde die Reise Richtung Niederstedt, nunmehr mit Oma Plauzenby am Steuer, fortgesetzt. Oma Purzelby blätterte interessiert einige der Zeitungen durch. Plötzlich schimpfte sie <<Die werfen immer noch Leute aus dem Zug bzw. dem Bus. Nachdem im Winter bei fast minus 20 Grad eine Schülerin wegen fehlender zwei Euro für die Fahrkarte aus dem Zug aussteigen musste, gab es kürzlich wieder zwei Fälle. Ein Busfahrer warf eine Mutter mit ihrer ein

Jahr alten Tochter wegen einer stinkenden Windel aus dem Bus. Und ein Schaffner wies zwei 14-jährige Mädchen aus dem Zug, die dann 17 km bei Dunkelheit nach Hause laufen mussten.>>

<<Solch eine Unverschämtheit>>, kommentierte Oma Naughtyby unter allgemeiner Zustimmung der Reisenden und fügte, zu Oma Purzelby gewandt, leise hinzu: <<Die wissen wohl nicht, was letztes Jahr in einem solchen Fall Alfons Niedermeyer passiert ist, was Edeltraut. Ich glaube, so eine Mittelmeerreise würde der betreffenden Zugbegleitern bzw. dem Busfahrer vielleicht auch guttun.>>

<<Recht hast du, Edelgard. Aber wie wär's mit einer Winterreise in den Norden.>>

<<Hört mal, Leute, das ist interessant>>, platzte es aus Oma Aidby heraus. <<Hier in meiner Illustrierten behaupten die unter Hinweis auf ein kürzlich erschienenes Buch u.a., die Deutschen seien gut im Bett. Stimmt das Oma Mickeyby? Du kennst dich doch mit solchen Sachen aus.>>

<<Nun, kommt drauf an. Wenn man ...>>

<<Immer mit der Ruhe, Adelgard>>, unterbrach Oma Plauzenby aufgeregt. <<Wenn das wirklich zutrifft, sehen wir aufregenden Zeiten entgegen. Wie du ja weißt, halte ich nicht viel von theoretischen Ausführungen. Ich bin eher praktisch veranlagt, denn *the Proof of the Pudding is in the Eating.*>>

<<Na denn, Annabell. Aber lass das nicht Oma Grimmelby hören.>>

<<Ich hab hier noch etwas Interessantes. Die Deutschen sollen angeblich auch die Weltmeister im Lachen sein, weil sie über alles lachen>>, meldete sich Oma Naughtyby zu Wort.

<<Nach meinen Erfahrungen wird in Deutschland u.a. oft über Klamauk und aus Schadenfreude gelacht, während wir doch eher dazu neigen, über Wortspiele und uns selbst zu lachen>>, dozierte Dr. Mickeyby.

<<Und hier, nach meiner Illustrierten sind die Deutschen offensichtlich stolz drauf, wenn sie aus Schadenfreude lachen>>,

warf Oma Plauzenby aufgeregt ein. <<Hier schreiben die nämlich, Schadenfreude sei gemeinschaftsfördernd und steigere das eigene Selbstbewusstsein.>>

<<Nicht , dass du jetzt auch noch anfängst aus Schadenfreude zu lachen, Annabell, denn an Selbstbewusstsein mangelt es dir ganz bestimmt nicht>>, lächelte Oma Mickeyby und fuhr in ihren Ausführungen fort: <<Bei unserem Austausch im letzten Jahr meinte die deutsche Chef-Oma interessanterweise, die Deutschen würden nicht oft lachen, sondern sich ihren Humor für besondere Gelegenheiten aufheben. Na ja, Oma Zumpelby hat eben *Sense of Humour*. Aber mal im Ernst: Die Formen des Humors sind, wie manch andere Dinge, eben unterschiedlich ausgeprägt in den verschiedenen Ländern und Kulturen. Man muss nur wissen wie, sonst hat man nichts zu lachen.>>

4 Das bei seiner Vorsitzenden Gerda Zumpelby versammelte Empfangskomitee der Niederstedter Vereinigten Großmütter saß, wie sich das für deutsche Omas gehört, zufrieden bei Kaffee und Kuchen zusammen und freute sich auf die Ankunft der Austausch-Omas aus Strettonby.

<<Chef-Oma, dein selbst gebackener Kuchen ist wieder hervorragend und der Kaffee schön stark, dass der Löffel drin stehen kann>>, bemerkte die stellvertretende Vorsitzende Gertrud Meier zufrieden. <<Gibt's dazu auch einen kleinen Likör?>>

<<Was, dieses klebrige Zeug>>, empörte sich die schwerhörige Oma Hilde Prackmann, die heute ausnahmsweise ihr Hörgerät die ganze Zeit eingeschaltet hatte. <<Mir wär ein Cognac lieber, aber zur Not tut's auch ein Gin. Habe gesehen, dass du extra für unseren Besuch eine Flasche Gin und Tonic Water angeschafft hast, Gerda.>>

<<Für dich gibt's heute keinen Tropfen Alkohol, Hilde. Du hast während der Abwesenheit von Oma Schmidt-Zacke Fahrbereitschaft.>>

<<Was hast du gesagt?>>, maulte Oma Prackmann, die verärgert ihr Hörgerät abgeschaltet hatte, und dachte <immer soll ich die Lückenbüßerin machen, wenn Oma Schmidt-Zacke nicht da ist. Aber die Fuhrparkverantwortliche darf ich nicht mehr sein, nachdem ich die Aufgabe doch jahrelang zur vollsten Zufriedenheit erledigt habe und man mich gegen meinen Willen von dem Amt in Rente geschickt hat.>

<<Du hast heute Fahrbereitschaft, Hilde!>>

<<Waaas? Ich soll den Fahneneid leisten? Gerda, ich hör wohl nicht richtig. Aber vielleicht ist mein Hörgerät kaputt, oder die Batterien sind alle.>>

<<Nicht verzweifeln, Gerda, ich kenn das schon>>, beruhigte Gertrud Meier die sichtlich genervte Chef-Oma. <<Hab für alle Fälle immer mehrere Sätze Batterien dabei und mache gleich das

Hörgerät wieder startklar. Und vielleicht sollte man Oma Prackmanns Hände festbinden, damit sie das Gerät nicht einfach abschalten kann>>, witzelte die stellvertretende Vorsitzende gerade, als es an der Haustür klingelte.

<<Im Namen unseres Vereins heiße ich euch ganz herzlich willkommen in Niederstedt>>, begrüßte Oma Zumpelby die englischen Omas.

<<Ich schließe mich den Worten der Chef-Oma an, schön euch zu sehen>>, strahlte Hilde Prackmann.

<<Du kannst offensichtlich wieder gut hören, Hilde. Na ja, es geschehen noch Zeichen und Wunder>>, lachte Oma Meier.

<<Ja, ja, irgendwie funktioniert das Gerät plötzlich wieder.>>

<<Wie war die Reise? Hoffentlich ohne Zwischenfälle und etwaige Besonderheiten, die Oma Grimmelby nicht mag, wie sie mir neulich am Telefon sagte>>, fragte Chef-Oma Zumpelby.

<<Alles hervorragend, bis auf die Überfahrt von Hull, die etwas unangenehm war>>, meinte Oma Aidby.

<<Wir sind doch wohlerzogene Damen und wissen uns zu benehmen>>, grinste Oma Naughtyby.

<<Dein Kuchen sieht, wie immer, köstlich aus, Gerda, und dann der Kaffeeduft>>, sagte Oma Purzelby unter zustimmendem Nicken von Annabell Plauzenby, die sich bereits seit Rotterdam auf das Kaffeetrinken bei den deutschen Omas gefreut hatte.

<<Also dann, nehmt bitte Platz an der Kaffeetafel, und ich erzähle euch während dessen, was hier in den nächsten Tagen und mittelfristig anliegt>>, regte die Chef-Oma an und führte dann aus <<Bevor wir die Aktion starten, könnt ihr euch noch etwas einleben und es ruhig angehen lassen. Ab übermorgen findet hier das Niederstedter Schiermacherfest statt...>>

<<Schiermacherfest? Ich hab noch nie von einem solchen Fest gehört. Was ist das, und wer macht da was?>>, unterbrach sie Dr. Adelgard Mickeyby.

<<Das einzigartige Fest findet dieses Wochenende statt>>, erläuterte Oma Zumpelby. <<Es beginnt am Freitagnachmittag mit dem Antreten der Schiermacher auf dem Rathausplatz und dem gemeinsamen Singen der Schiermacherhymne ‚Ick heff mol en Niederstedter Schiermooker sehn' nach der Melodie des bekannten Liedes ‚Ick heff mol en Hamborger Veermaster sehn. To my hooday'. Dann marschieren die Schiermacher zum Einholen des derzeitigen Schiermacherkommandanten, der Kommandantin, des Adjutanten, der Ehrengarde sowie des Schiermachervorstandes. Nach einem Festumzug durch die Stadt geht es auf den Festplatz zum Schiermacherumtrunk. Am Samstag gibt es dann die Schiermacherwettbewerbe, bei dem die neuen Würdenträger ermittelt werden. Mitmachen können dabei nur die Einwohner und Einwohnerinnen Niederstedts, die einen PKW mit Anhänger besitzen. Die gemeldeten Teilnehmer müssen sich im Blaumann pünktlich um 10.00 Uhr mit ihren Fahrzeugen nebst Anhänger auf dem Festplatz einfinden. An Ausrüstungsgegenständen sind unabdingbar Straßenbesen und Schaufel, mit denen die Teilnehmer und Teilnehmerinnen vor ihren Fahrzeugen anzutreten haben. Ferner mitzubringen sind Rasenmäher, Laubsauger, Motorsensen und Motorsägen. Nach dem Singen der Schiermacherhymne ziehen die Teilnehmer Nummern für die jeweils von ihnen zu bearbeitenden und schierzumachenden Flächen, wobei den unterschiedlichen Schwierigkeitsgraden durch entsprechende Handicaps Rechnung getragen wird. Der Bürgermeister gibt dann den Startschuss für den eigentlichen Wettbewerb, der von den Niederstedter Bürgern mit Anfeuerungsrufen begleitet wird. Sobald ein Teilnehmer mit dem Schiermachen fertig ist, fährt er mit seinem Fahrzeug nebst Anhänger mit dem Abraum zum Festplatz, wo seine Zeit genommen wird. Nach Auswertung der Inspektion aller schiergemachten Flächen und der Schiermacherzeiten durch den Schiermachervorstand verkündet der Vorstandsvorsitzende das Ergebnis und damit die neuen Würdenträger. Alle Teilnehmerinnen und Teilnehmer am

Wettbewerb fahren danach mit ihren PKW nebst Anhängern zum Rathaus, wo die neuen Würdenträger vom Bürgermeister empfangen werden. Abends findet dann der Schiermacherball mit großer Tombola und der bekannten Band ,The Niederstedter Krachmookers' statt. Am Sonntagmorgen Antreten der Schiermacher und Abholen der neuen Würdenträger mit gemeinsamem Umtrunk. Das Fest endet am Nachmittag mit der offiziellen Vorstellung des neuen Kommandanten, der Kommandantin, des Adjutanten und der neuen Ehrengarde, Grußworten der Gäste und dem gemeinsamen Singen der Schiermacherhymne.>>

<<Äußerst interessant>>, bemerkte Oma Mickeyby. <<Seit wann gibt es denn dieses Fest, Gerda?>>

<<Wahrscheinlich seit mehreren hundert Jahren. Aber so genau weiß man das nicht. Reinlichkeit und Schiermachen waren, so lang ich mich jedenfalls erinnern kann, immer wichtig in Niederstedt. Und die Leute hier üben begeistert das ganze Jahr für den Wettbewerb, wobei es manchmal leider doch recht laut zugeht, wenn diverse Rasenmäher, Motorsensen oder auch Laubsauger und Motorsägen gleichzeitig in Gang sind.>>

<<Man munkelt, nicht nur Oma Prackmann, die, wie viele hier, beim lautstarken Schiermachen keine Mickeymäuse getragen hat, leide deswegen unter Schwerhörigkeit>>, ergänzte Oma Meier.

<<Ach ja, hätte ich fast vergessen.>>, ergriff Oma Zumpelby wieder das Wort: <<In diesem Jahr gibt es am Sonntag noch etwas ganz Besonderes. Dann wird nämlich auf dem mit erheblichem finanziellen Aufwand umgestalteten Marktplatz der neue Schiermacherbrunnen vom Bürgermeister eingeweiht. Der Brunnen soll als einzigartige Touristenattraktion angeblich Leute von nah und fern nach Niederstedt locken. Na ja, ich hab da so meine Zweifel. Der neu gestaltete Marktplatz sieht immer noch wie ein gepflasterter Parkplatz aus. Und der Blick auf die parkenden Autos lädt auch nicht gerade zum beschaulichen

Verweilen ein. Aber, wie dem auch sei, es soll ja Leute geben,die sich an einem Parkplatz voller Autos erfreuen oder vor der Waschmaschine sitzen und der Wäsche zusehen.>>

<<Wahrscheinlich nur wenig aufregender als *watching paint dry*>>, lachte Oma Mickeyby.

<<Ich freu mich schon auf den Schiermacherball>>, warf Oma Plauzenby ein. <<Sag mal Chef-Oma, hier in Deutschland wurde und wird soviel von ‚Geiz ist geil' gesprochen. Und, wie ich letztes Jahr beobachten konnte, sind viele Deutsche beim Geben von Trinkgeld echt knauserig und in meinen Augen geizig. Heißt das, dass viele Deutsche geil sind?>>

<<Annabell, Annabell, *you have got a one-track mind*>>, lachte die deutsche Chef-Oma.

<<Keine Sorge, Annabell; wir werden das am Samstag beim Schiermacherball mal genauer untersuchen>>, flachste Oma Naughtyby.

5 In der Nacht zum Freitag konnte man zwei Gestalten auf dem neuen Marktplatz in der Nähe des Schiermacherbrunnens beobachten. Eine Gruppe von Niederstedter Bürgern, die zu dieser Zeit lautstark diskutierend von einer ausgiebigen Feier zurückkamen, behauptete später gesehen zu haben, wie sich drei oder vier Personen in Tarnanzügen am Brunnen zuschaffen gemacht hätten.

Zu etwa der gleichen Zeit in Strettonby lag Chef-Oma Grimmelby erschöpft in einem tiefen Schlaf und knirschte gelegentlich mit den Zähnen. Die letzten Tage und Wochen hatten selbst die sonst so zähe Vorsitzende geschafft. Wochenlang Handwerker im Haus, die sich nicht an die Terminabsprachen gehalten hatten oder plötzlich während der Arbeit wieder verschwunden waren und etliche andere Vorfälle waren selbst für die Kummer gewohnte Chef-Oma zu viel gewesen. Hatte doch ein Handwerker beim Einbau eines Dachfensters für die erforderlichen Sägearbeiten den Toilettendeckel in der Gästedusche als Unterlage benutzt und dabei den Deckel angesägt. Als sich Oma Grimmelby daraufhin mit grimmigem Blick bei dem Verursacher beschwerte und Ersatz verlangte, war dieser wütend geworden und hatte geflucht, er lasse sich nicht beleidigen, das passiere eben; und er sähe nur deswegen von einer Tracht Prügel ab, weil sie eine Frau sei. Einer der Fliesenleger hatte dann als Tageswerk fünf Fliesen angeklebt, eine davon sogar verkehrt herum, nachdem er, wie es seine Gewohnheit war, in der Mittagspause einige *Pints* in der Kneipe geleert hatte. Und dann neulich noch die Dame im weißen Kostüm von der Gasgesellschaft, die erkunden wollte, wo der neue Gasanschluss ins Haus geführt werden und an welcher Stelle die Gasuhr installiert werden sollte. Die Dame meinte, der Zähler müsse wegen des von der Gasgesellschaft nur bis zu einer gewissen Länge zu verlegenden Hausanschlusses unter den Küchentisch. Ein anderer Ort sei nicht möglich. Mit eisigem Blick hatte die Chef-Oma zitternd vor Wut die Dame in Weiss des Hauses verwiesen.

Als Oma Grimmelby später, immer noch sichtlich erregt, der Schatzmeisterin Pingelby von dem Vorfall berichtete, hatte diese nur gemeint <<Aber Sieglinde, das kennen wir doch. Neulich wollte die Gasgesellschaft in der Kirche von Revd. Peabody die Gasuhr sogar direkt unter dem Altar anbringen.>>

<<Und, was hat Revd. John Peabody dazu gesagt, Emma?>>

<<Nun, Sieglinde, das möchte weder ich, noch der sonst sehr gelassene Revd. Peabody gerne verbreitet haben.>>

<Zum Glück sind jetzt die Handwerker endlich aus dem Haus>, dachte die Chef-Oma als sie am nächsten Morgen aufstand und alles für den Empfang der Austausch-Omas aus Niederstedt vorbereitete. Als letztere gegen Mittag per Flugzeug auf dem Durham Tees Valley Airport ankamen, wurden sie bei der Einreise nach England eine nach der anderen vom *Immigration Officer* anhand ihrer Pässe prüfend gemustert. In der Ankunftshalle begrüßte sie dann freundlich *Revd.* Peabody. Die Austausch-Omas, die einen Empfang mit Ehrengarde und Internationale erwartet hatten, waren etwas enttäuscht und verunsichert, von einem Geistlichen empfangen zu werden, was Revd. Peabody sofort bemerkte.

<<Ich heiße John und bin nur eingesprungen. Seit der Abwesenheit von Oma Plauzenby und einiger anderer Omas klappt es bei den Strettonby Grannies nicht so gut mit dem Fahrdienst. Wir fahren jetzt erst zum Essen. Dann geht es zu Oma Grimmelby.>>

In der Gaststätte gab es zum Leidwesen der Omas nur wenige Gerichte, von denen Fotos über dem Tresen hingen. Nach langem Hin und Her entschieden sich die Omas schließlich. Eine von ihnen, Oma Sturmhose, die keine Tomaten und Zwiebeln mochte, bestellte das Gericht Nummer 1, einen Hamburger mit Pommes, und zwar ohne diese Zutaten, während Oma Schnakenbeck statt der Pommes lieber den Kartoffelbrei haben wollte, den es beim Gericht Nummer 7 gab.

<<Das geht hier nicht>>, meinte die Bedienung. <<Erstens kann unser Koch kein Englisch und kocht die Gerichte nur nach den Bildern. Und zweitens, wo kämen wir denn hin, wenn jeder Extrawünsche von mir verlangen könnte. *That would be more than my job's worth.*>>

<<Da bist selbst du, Oma Sturmhose, baff, die du immer klagst, Deutschland verkomme zu einer Servicewüste>>, murmelte Oma Schnakenbeck entsetzt.

<<Tja, meine Damen, so ist das leider manchmal in unserem Land. Ich kann mich noch an meine Jugendzeit erinnern, als im Fernsehen jede Woche die Sendung *That's Life!* gezeigt wurde, in der man solche Fälle unflexibler, kleinlicher und unsinnige Regeln befolgender Angestellter anprangerte und einem besonders schlimmen Typen jeweils die *Jobsworth*-Dienstmütze der Woche verlieh>>, kommentierte Revd. Peabody frustriert.

<<Bedienung! Ich krieg, wie immer, zweimal die Nummer 1, aber dalli, wir haben es eilig>>, donnerte es plötzlich hinter ihnen.

<<Sir, bitte nicht schon wieder Burger mit Pommes. Ich kann das Zeug nicht mehr sehen, und ungesund ist es auch.>>

<<Moser nicht rum, Smart! Das ist beste britische Nahrung. Die hat noch niemandem geschadet. Sieh mich an!>>, polterte Chief Inspector Plank.

<<Na ja, Sir, aber genau hinsehen darf man nicht.>>

<<Was meinst du damit?>>

Bevor Smart antworten konnte, schaltete sich Revd. Peabody ein <<Meine Damen, das hier sind Chief Inspector Plank B.A. und sein Adjutant Smart von der hiesigen Polizei beim täglichen

Verkosten der vom Herrn Chief Inspector heiß geliebten *Staple Diet*. Und meine Herren, darf ich ihnen die Damen aus Deutschland vorstellen, die an dem Austauschprogramm der Strettonby Grannies United teilnehmen.>>

<<Sieh sie dir genau an, Smart! Die werden uns bestimmt noch Scherereien machen. Und Smart, erinnere mich nachher daran, dass ich für jede dieser Damen ein Akte anlegen und sie in die Überwachung einbeziehen lasse. Ihr Omas, passt bloß auf, sonst müssen wir euch und eure ständig die öffentliche Sicherheit und Ordnung bedrohenden Gastgeberinnen einlochen.>>

<<Chief Inspektor Plank, ich bin immer bemüht, mein Englisch zu verbessern. Und einiges kann ich nicht im Wörterbuch finden. Darf ich Sie daher etwas fragen? Wer oder was ist ein *Fartarse*?>> erkundigte sich Oma Lützelmeier interessiert bei Plank, der daraufhin vor Wut rot anlief und fast an seinem Hamburger erstickte. Selbst Revd. Peabody konnte ein Lachen nicht unterdrücken und meinte: <<Dietlinde, ich denke, es wäre besser, wenn ich Ihnen das mal später in Ruhe erkläre.>>

<<Lassen Sie uns gehen, Sir. Sonst kommen wir zu spät zu ihrem Termin mit dem *Chief Constable*>>, drängte *Inspector* Smart seinen Vorgesetzten und führte ihn aus der relativ leeren Gaststätte.

<<Dietlinde, das war spitzenmäßig>>, grinste Luise Schnakenbeck. <<Schön John, dass wir Fartarse Plank schon gleich kennengelernt haben; scheint ein vielversprechender Typ zu sein, macht Spaß ihn aufzuziehen. Man hat uns nicht zu viel versprochen. Aber das mit der Überwachung und dem Anlegen von Akten über uns unbescholtene Bürgerinnen stinkt mir. Das ist unzulässige Datenvorratssammlung; wir sind doch keine Kriminellen.>>.

<<Genau. Deswegen sprechen wir gleich mit Chef-Oma Grimmelby. Die weiß da sicherlich Rat>>, beruhigte sie Revd. John Peabody. <<Sieglinde, mag zwar nicht die offene

Konfrontation mit Chief Inspector Plank, aber gefallen lässt die sich trotzdem nichts. Sie kontaktiert bestimmt sofort die Rechtsberaterin der Strettonby Grannies, Dr. Mickeyby. Und die hat immer ein Hühnchen mit Plank zu rupfen und freut sich, wenn Plank zurückgestutzt wird.>>

<<Ich bin beim Zurückstutzen dabei, da bekomme ich richtig Appetit>>, murmelte Oma Sturmhose und sagte zur Bedienung hinter dem Tresen: <<Ich hätte nun gerne noch die Nummer drei>>.

<<Das geht nicht. Bei dem hektischen Betrieb hier kann ich nur eine Bestellung pro Gast entgegennehmen, und Sie haben bereits einmal bestellt>>, belehrte sie die Bedienung, die sich gerade angeregt mit ihrer Kollegin über die Aktivitäten am vergangenen Wochenende unterhielt.

<Vielleicht sollte auch ich mal für eine längere Zeit an einem Austauschprogramm mit Deutschland teilnehmen>, dachte John Peabody frustriert. <Man trifft hier einfach zu oft auf desinteressiertes Personal; und das kann nerven. Kommt man in der Bank nach zwanzig Minuten Schlangestehen endlich dran und hat eine einfache Frage, dann heißt es in der Regel ‚Won't be a Minute'. Das dauert dann auch wirklich keine Minute, sondern häufig zehn bis fünfzehn Minuten. So etwas nervt, gerade, wenn man es eilig hat. Und dann fast überall die dauernden und ewig langen Besprechungen und *Meetings*, oft ohne greifbare Ergebnisse. Neulich haben die sogar ein *Meeting* anberaumt, um zu entscheiden, ob überhaupt, und ggfs. wann und wo das nächste *Meeting* stattfinden sollte. Da sind die Strettonby Grannies und ihre Gäste ein richtiger Lichtblick.>

<<Meine Damen, wir sollten nun losfahren. Chef-Oma Grimmelby steht auf Pünktlichkeit und hasst die Zeitverschwendung>>, mahnte John Peabody die deutschen Omas und dachte <Außerdem mag selbst ich es nicht, wenn Oma Grimmelby mich mit ihrem tadelnden Blick ansieht, der bei den meisten die Adern gefrieren lässt.>

6   Am Samstag waren die englischen Omas, wie es sich für sie gehörte und um aufzufallen, in ihrer Vereinskleidung in Begleitung ihrer Gastgeberinnen erschienen, um gemeinsam den Schiermacherwettbewerb zu beobachten. Dr. Mickeyby betrachtete das Geschehen bei dem einzigartigen Wettbewerb mit eher wissenschaftlichem Interesse, wollte sie doch einen Artikel in einer der einschlägigen Fachzeitschriften veröffentlichen.

Oma Naughtyby, hingegen, frotzelte gerade <<Annabell, das ist die Gelegenheit, das *Local Talent* einmal in Ruhe zu begutachten. Sieh dir die strammen Schiermacher neben ihren Fahrzeugen an und wie sie ihr Gerät präsentieren!>>

<<Recht hast du, Edelgard. Sehr vielversprechend. Da kann man schon eine Vorauswahl für heute Abend treffen>>, begeisterte sich Oma Plauzenby.

<<Dem da drüben würde ich *nine out of ten* geben>>, meldete sich, zur Überraschung aller, Oma Purzelby. Oma Lümmelby vergaß das Ziehen an ihrem Joint, und Oma Naughtyby murmelte <<Mensch, Edeltraut, so kennt man dich gar nicht. Macht das etwa die Luftveränderung?>>

<<Nee, aber der Einfluss von Annabell, der färbt allmählich ab>>, erwiderte Edeltraut Purzelby. <<Und damit ihr es wisst, heute Abend *we are going to paint the town red*, nicht Annabell.>>

<<Klar, aber lasst uns jetzt in Ruhe, wir müssen dringend weiter das *Local Talent* sichten und vorsortieren.>>

Während sich die übrigen Omas nun auf den Wettbewerb und das Schiermachen konzentrierten, waren Annabell Plauzenby und Edeltraut Purzelby mit ihren Bewertungen beschäftigt, wobei nicht immer Einigkeit zwischen den beiden herrschte. Oma Aidby, die das mitbekam, dachte erleichtert <Das ist gut so, denn dann prügeln die beiden sich nicht um dieselben Männer.>

<<Du siehst total geschafft aus, Annabell>>, stellten die englischen Omas am Spätvormittag nach dem Schiermacherball übereinstimmend fest. <<Und du, Edeltraut, erst einmal. Was habt ihr wieder getrieben? War wohl ne harte Nacht, was.>>

<<*Well, did you get laid all right?* >>, wollte Oma Naughtyby wissen.

<<Das ist eine lange Geschichte, Leute>>, murmelte Oma Plauzenby. <<Ich hatte mir ne Kandidatenliste gemacht. Nr. 1 war ein ganz geiler und heißer Typ. Am frühen Abend, als alle noch nicht soviel getrunken hatten, bin ich mit ihm voller Erwartungen raus hinter die Festhalle. Und dann das.>>

<<Los, los, Annabell, erzähl schon!>>

<<Stellt euch mal vor, dem war das draußen zu kalt. Er konnte gar nicht verstehen, dass mir der kühle Wind nichts ausmachte. Hab ihm noch erzählt, wie wir in der Schulzeit abgehärtet worden sind. Als Schulkleidung waren, auch im Winter, für uns Mädchen doch Rock und Söckchen und für die Jungen kurze Hosen vorgeschrieben. Und Frieren gab es nicht, denn es hieß, *if you feel cold, don't show it!*. Selbst wenn einem richtig kalt war, musste man die *Stiff Upper-lip* bewahren. Der Mann sah mich nur kopfschüttelnd an und wollte partout die Hose nicht runterlassen. Hab ihm noch vorgeschlagen, in die Scheune um die Ecke zu gehen. Wollte er auch nicht. Meinte, da zöge es durch die Ritzen, und außerdem pike das Stroh und das Heu. Bin daraufhin zurück in die Festhalle und habe Nr. 2 auf der Liste abgeschleppt. Sah gut aus; *he really wanted to get into my knickers*. Als er vorschlug, ob ich seine Modelleisenbahn sehen wollte, dachte ich, mal ne andere *Chat-up Line* als ,Möchtest du meine Briefmarkensammlung sehen?' und hab begeistert zugestimmt. Auf dem Weg zu seiner Wohnung meinte er, bei ihm Zuhause gehe der Zug ab, alle Signale stünden auf freie Fahrt. Klang vielversprechend. Wir im Sturm die Treppe rauf ins Schlafzimmer und dann ... ab geht die Post ...>>

<<Erzähl! Wir wollen Einzelheiten>>, drängte Oma Naughtyby.

<<Na ja, dann hat er sich eine Bahndienstmütze aufgesetzt und zur Abfahrt gepfiffen.>>

<<Und da ging's richtig los, was.>>

<<Wie man's nimmt, jedenfalls fuhr ein Modellzug mit Dampflok ab.>>

<<Sonst etwa nichts?>>

<<Tja, ihm war der Dampf ausgegangen, und das Signal klemmte und wollte nicht auf freie Fahrt gehen. Nächstes Mal lasse ich mir lieber ne Briefmarkensammlung zeigen.>>

<<Das war's doch noch nicht, Annabell. Wir haben dich an der Bar mit einem gesehen. Ihr beide hatte da schon einige Gedecke verzehrt. Du schienst jedoch noch ganz klar zu sein.>>

<<Das war mit Nr. 3. Der prahlte die ganze Zeit rum, er sei eine wichtige Person beim Verfassungsschutz, und ohne ihn laufe hier vor Ort rein verfassungsschutzmäßig nichts. Er wisse über alles wichtige Bescheid, auch dass wir Strettonby Grannies ziemlich schräge Vögel seien, die man nicht aus den Augen lassen dürfe. Habe ihm alkoholmäßig und auch informationsmäßig ziemlich was eingeschenkt. Zum Schluss lallte er noch etwas von, er könne sich eine Zusammenarbeit mit mir vorstellen, denn ich sei eine attraktive, intelligente Frau, fast wie Mata Hari.>>

Die Omas wollten sich ausschütten vor Lachen, und Oma Purzelby fragte interessiert <<Na, Annabell, habt ihr dann noch zusammengearbeitet?>>

<<Gut gemacht, Oma Plauzenby. Das ist unsere Eintrittskarte in die richtigen Kreise>>, strahlte Edelgard Naughtyby. <<Ich denke, du solltest dir demnächst einige schöne Stunden mit ihm machen, wenn er wieder einigermaßen nüchtern ist.>>

<<Kein Problem, immerhin ist er Nr. 3 auf der Liste. Und es gibt noch einiges nachzuholen>>, pflichtete ihr Oma Plauzenby bei. <<Leute, das ist noch nicht alles. Die letzte Nacht war ja lang. Es gab da noch eine Nr. 4. Ich mit dem nach Hause, und der war

geil und gar nicht geizig. Während unserer Beschäftigung ist das Bett zusammengebrochen, war echt lustig, machte aber einen Riesenkrach. In diesem Moment kamen gerade seine Frau und deren Mutter nach Hause und stürmten sofort ins Schlafzimmer.>>

<<Ach daher hast du das blaue Auge, Annabell. Wir haben uns schon die ganze Zeit gewundert, wie das passiert ist.>>

<<Das war die Mutter. Die Frau hat dann noch mit der Bratpfanne auf uns eingeprügelt. Ich habe überall blaue Flecken. *Well, that wasn't my night.* Und ich hatte mich so auf den Schiermacherball gefreut.>>

<<Und wie lautet das Fazit, deiner Forschungen zu ‚Geiz ist geil', Annabell?>>

<<Stimmt, Geiz scheint geil zu sein. Meine Erfahrung: Viel Geilheit und Geiz an Taten auf breiter Front.>>

<<Übrigens, wo habt ihr euch eigentlich rumgetrieben, Edelgard und Edeltraut?>>, fragte Ida Aidby plötzlich. <<Nach 1 Uhr seid ihr nicht mehr auf dem Schiermacherball gesehen worden.>>

<<Wir haben den Frieden in den deutschen Betten verteidigt>>, antworteten Oma Naughtyby und Oma Purzelby, wie aus einem Munde.

Am Nachmittag versammelten sich die Niederstedter Vereinigten Großmütter zusammen mit ihren Besucherinnen auf dem Markplatz, der nun für Fahrzeuge gesperrt war. Wegen des besonderen Ereignisses, der Einweihung des Schiermacherbrunnens, hatte man den Platz rund um den Brunnen in verschiedene Zonen unterteilt. Zum inneren Bereich am Brunnen hatten nur der Bürgermeister, die Honoratioren der Stadt und einige ausgewählte Bürger der Mehrheitspartei sowie selbstverständlich die Landrätin Zugang. Im sich daran anschließenden Bereich waren der Spielmannszug und die örtlichen Vereine angetreten. Der allgemeinen Öffentlichkeit war der dritte Kreis zugewiesen worden, in dem sich nun halb Niederstedt drängte. Ganz am Rande versuchten einige Protestierende auf sich aufmerksam zu machen, die auf Plakaten nochmals auf ihre schon seit längerer Zeit vorgetragenen Bedenken im Zusammenhang mit dem Marktplatz hinwiesen, was ihnen überraschenderweise trotz der ungünstigen Position auf dem Platz gelang; wurden sie doch von einigen verärgerten Festrednern verschnupft wahrgenommen und als Störenfriede, Neinsager und den Fortschritt Aufhaltende betitelt.

Die deutschen Omas und ihre englischen Besucherinnen beobachteten die Feierlichkeiten interessiert vom Rand des dritten Kreises aus. Die englischen Austausch-Omas waren wiederum in ihrer Vereinsuniform erschienen, zu der auch die Regenschirme mit Krücke gehörten.

<<Hoffentlich sind diese ewigen Reden mit ihren Lobeshymnen auf den Brunnen und die Selbstbeweihräucherung der Leute bald vorbei>>, meinte Oma Plauzenby sichtlich genervt.

<<Die haben dich gehört, Annabell>>, lachte Oma Mickeyby, als wenig später ein Trommelwirbel vom Spielmannszug zu hören war.

Die Landrätin und der Bürgermeister, beide dem Ereignis entsprechend als Schiermacher gekleidet, betätigten mit den Worten ‚Wasser marsch!' gemeinsam das System zur Inbetriebnahme des Brunnens. Zunächst geschah jedoch nichts. Dann hörte man ein Grummeln und Splattern, langsam schien etwas in dem mittleren Rohr aufzusteigen, doch die erwartete Fontäne blieb aus. Vielmehr sah man eine Art Ballon, der sich mehr und mehr füllte und beständig ausdehnte. Fasziniert beobachteten die Versammelten, wie der Ballon zu einer Riesenblase wuchs und wuchs und immer praller wurde. Nun konnte man sogar eine Aufschrift erkennen: ‚Das Kulturzentrum Niederstedt heißt den Rest der Welt willkommen.'

<<Ich glaube, wir bekommen noch Regen>>, teilte Oma Aidby den am Rande des Platzes stehenden Omas mit, die daraufhin unter den Regenschirmen der englischen Omas zusammenrückten. Kurz darauf platzte der Ballon über dem Brunnen mit einem heftigen Knall, und der Inhalt der Riesenblase, eine schwarze Masse, entleerte sich über den auf dem Marktplatz Versammelten, von denen besonders die Personen in den Kreisen nahe am Brunnen betroffen waren.

<<Gut, dass ihr eure Schirme dabei hattet, Ida>>, freute sich Chef-Oma Zumpelby. <<Wir sind alle unversehrt>>.

<<Tolle Vorstellung>>, schwärmte Oma Plauzenby.

<<Was ist das schwarze Zeug, Gerda? Riecht irgendwie komisch>>, fragte Dr. Mickeyby.

<<Wahrscheinlich, irgendetwas Mooriges. Wir haben hier viel Moor. Aber ich glaube nicht, dass die Veranstalter das geplant haben, Annabell. Seht euch das an, wie bedröppelt die dastehen und wie einige wütend rumspringen.>>

<<Tolle Wurst>>, riefen einige der am Rande des dritten Kreises stehenden Niederstedter Bürger, als sie die mit der schwarzen Masse überzogenen Honoratioren sahen. Andere schimpften <<Solch eine Scheiße. Sabotage! Das war wieder die linke Kolonne. Einsperren, und den Schlüssel wegwerfen!>>

Plötzlich gluckerte es im Schiermacherbrunnen, und das Wasser spritzte in alle vier Himmelsrichtungen.

<<Sieh einer an. Nun werden die Leute wieder schiergemacht>>, lachte Oma Naughtyby.

<<Sag ich ja, tolle Vorstellung>>, murmelte Oma Plauzenby, als es nun auch noch begann, im Brunnen zu schäumen. Der Schaumberg wuchs beständig; dann trat er über den Brunnenrand und begann, sich auf dem Marktplatz auszubreiten. Verzweifelte Rufe, das Betriebssystem des Brunnens abzustellen, blieben in dem wachsenden Chaos ohne Erfolg.

<<Das ist das perfekte Schiermachen>>, konstatierte Oma Lümmelby und zog zufrieden an ihrem Joint. <<Wäscht auch die schmutzigsten Westen wieder schön weiß, und das ganz ohne Persilscheine.>>

<< Eigentlich müsste ich dir für diese Äußerung einen strengen Verweis erteilen, Oma Lümmelby>>, meinte Dr. Mickeyby. <<Aber was soll's, du bist ja schon seit längerer Zeit *certified.*>>

Begeistert beobachteten die Omas aus sicherer Entfernung den sich ausbreitenden Schaum.

<<Und ihr habt gelacht, als ich euch von den Leuten erzählte, die vor der Waschmaschine sitzen und gebannt dem Waschvorgang zusehen>>, lachte Gerda Zumpelby.

7   Chef-Oma Grimmelby war ganz Ohr, als ihr die deutschen Omas und Revd. Peabody von den Anweisungen Planks zur Einbeziehung der deutschen Gäste in die Überwachung berichteten. Zusehends verdüsterte sich ihre Mine, dann sagte sie mit eisiger Stimme <<*That was the last straw.* Es ist schon schlimm genug, dass er uns auf Schritt und Tritt überwachen und wahrscheinlich auch unsere Telefone abhören lässt. Eigentlich hätten wir schon lange tätig werden sollen, aber ich habe immer zur Zurückhaltung geraten. Jetzt reicht es. Wir müssen ein Exempel statuieren. John, herzlichen Dank für die Betreuung unserer Gäste. Aber wir wollen Ihre wertvolle Zeit nicht länger in Anspruch nehmen und Sie nicht in Verlegenheit bringen.>>

Nachdem John Peabody gegangen war, fuhr die Chef-Oma mit ihren Ausführungen fort <<Das ist jetzt absolut vertraulich. Weil wir Fartarse und seine Eskapaden kennen, führen wir seit Jahren eine Akte über ihn, deren Aufbewahrungsort nur einigen wenigen unserer Mitglieder bekannt ist.>>

<<Sieglinde, ich denke ihr werdet abgehört. Solltest du da nicht vorsichtiger mit deinen Äußerungen sein?>>, fragte Oma Schnakenbeck besorgt.

<<Keine Angst, Luise, dieser Raum ist abhörsicher. Ich werde mich nachher mit Oma Mickeyby in Verbindung setzen und ihren Rat einholen. Ich denke, wir sollten ausgewählte Dokumente der Akte kopieren und eine neue Akte zusammenstellen, die dann in der Öffentlichkeit auftaucht.>>

<Funktioniert das denn>>, zweifelte Oma Frederike Schnuckwiese.

<<Kein Problem, in diesem Land sind schon häufiger vertrauliche Informationen in der Öffentlichkeit aufgetaucht. Da verliert z. B. jemand eine CD mit legitim gesammelten vertraulichen Daten von Bürgern, die eine Behörde zur Erledigung

ihrer Aufgaben benötigt. Oder im Rahmen einer vorzunehmenden Aktenvernichtung landen Akten einfach auf der Müllhalde.>>

<<Bei uns gibt's das auch>>, bemerkte Oma Sturmhose. <<Vor einiger Zeit fand man im Müll drei Behältnisse mit nicht ausgewerteten Briefwahlunterlagen.>>

<<Ich denke, wir sollten nach alledem die Müllhaldenlösung wählen, denn dort ist die Akte leichter zu platzieren als z. B. in einem öffentlichen Verkehrsmittel. Und es lässt sich kaum nachweisen, wie die Akte auf den Müll gelangte.>>

Die deutschen Omas waren begeistert. Oma Sturmhose und Oma Schnuckwiese meldeten sich sogleich freiwillig und boten ihre tatkräftige Hilfe bei der Aktion an.

<<Bei dieser Sache haltet ihr euch besser raus. Ansonsten können wir eure Unterstützung gut gebrauchen, da Oma Plauzenby und die anderen in Deutschland sind. Lasst euch aber euren Aufenthalt hier nicht von Plank vermiesen. Und bedenkt, ohne Plank könnte es manchmal recht langweilig sein.>>

<<Hallo, Smart. Wie geht's unserem Chief Inspector Plank B.A.>>, begrüßten sichtlich aufgekratzt die Beamten auf dem Strettonby Polizeirevier ihren Kollegen, als dieser zum Dienst erschien.

<<Keine Ahnung, hab ihn heute noch nicht gesehen. Gestern war er, wie ihr ja selbst erlebt habt, voll in Fahrt mit seiner hirnrissigen Idee ohne jeglichen Anfangsverdacht bzw. ohne konkrete Gefahr die deutschen Omas zu überwachen und Akten über jede einzelne anzulegen. Ich hab mir den Mund fusselig geredet, aber er wollte einfach nicht einsehen, dass ein solches Vorgehen äußerst bedenklich ist. Er meinte, nicht nur seine großen Vorbilder in Deutschland sähen das Vorratsdatensammeln ganz anders als ich. Als ich ihn darauf hinwies, dass aber z. B. das deutsche Bundesverfassungsgericht das Vorratssammeln und

Speichern von Telekommunikationsdaten verboten hätte, meinte er nur, das würde in Deutschland weite Kreise überhaupt nicht interessieren und sei diesen Kreisen scheißegal. So wollten dort die Ermittlungsbehörden, der Innenminister und bestimmte Parteien das Vorratsdatensammeln trotzdem wieder einführen, weil das zur Verbrechensbekämpfung erforderlich sei. Und im Übrigen sei das Vorratsspeichern von Telekommunikationsdaten im Vereinigten Königreich erlaubt. Ich mit meinen Bedenken sei ein Warmduscher, den er demnächst wohl zur Überwachung des ruhenden Verkehrs verdonnern müsse. Da war rein gar nichts zu machen. Ich konnte ihm nicht deutlich machen, dass es bei der verdachtsunabhängigen Überwachung der deutschen Omas um weitaus Schwerwiegenderes geht als um das als solches bereits umstrittene Sammeln und Speichern von Daten aus dem Telekommunikationsbereich. Am liebsten hätte Fartarse die Omas auch gleich noch erkennungsdienstlich behandelt. Das konnte ich aber zum Glück verhindern. Aber sagt mal, Leute, warum seid ihr heute so fröhlich?>>

<<Unser Fartarse ist über Nacht berühmt geworden, Smart. Hör dir mal an, was der *Strettonby Daily* dazu schreibt>>, freute sich Inspector Brown.

<<"Skandal. Akte über einen hohen Beamten der Strettonby Polizei auf der städtischen Müllhalde gefunden. Gestern entdeckten Müllwerker zu ihrer Überraschung ein mit dem Aufdruck ‚streng vertraulich' gekennzeichnetes Aktenstück auf einem Müllberg. Bei der Akte handelt es sich offensichtlich um Kopien von vertraulichen Dokumenten über die langjährige Beobachtung und die Sammlung von Erkenntnissen über die Person des Strettonbyer Chief Inspector Plank B.A.. Dabei geht es teilweise um Dinge, deren Veröffentlichung wahrscheinlich nicht unbedingt im Interesse des Betroffenen wäre. Der mysteriöse Aktenfund wirft eine Vielzahl von Fragen auf. Wer hat diese Erkenntnisse über Jahre gesammelt? Welche Behörde oder Institution steckt dahinter? Werden unsere Bürger generell

44

überwacht? Funktioniert der Datenschutz überhaupt noch? Wie kommt eine Akte mit vertraulichen Informationen auf den Müll? Wie stellen die Behörden endlich sicher, dass solche Akten nicht irgendwo vergessen werden oder verloren gehen? Fragen, die wir heute morgen gerne dem Chief Constable der *Lingby Constabulary*, Archibald Uppington, gestellt hätten. Chief Constable Uppington stand bisher jedoch weder für eine Stellungnahme noch für ein Interview zur Verfügung." Und dann hier noch ein gut getroffenes Bild von Fartarse. Ist das etwa nichts, Smart?>>

<<Ich halte es nicht aus>>, stöhnte Inspector Smart.

<<Tja, Smart, das ist schon n Scheißjob als Bremser bei Plank Aber da musst du leider durch>>, bedauerte ihn Sergt. Lofthouse.

Als gegen 10.30 Uhr Chief Inspector Plank seinen Dienst antrat, herrschte immer noch gehobene Stimmung im Revier.

<<Habt ihr Pfeifen nichts anderes zu tun als hier dumm rumzusitzen>>, blaffte Plank die Beamten an.

<<Acht Beamte zum *Briefing* versammelt; Sir, das nahezu abgeschlossen ist. Nun weiß jeder, was zu tun ist>>, vermeldete Inspector Brown. <<Und Sir, entsprechend Ihrem Befehl habe ich Ihnen die *Sun* und den *Strettonby Daily* wie jeden Tag in den *Washroom* gelegt, der Ihnen, entsprechend Ihrer Anweisung, zur alleinigen Nutzung zur Verfügung steht.>>

Zielstrebig begab sich Plank daraufhin in das für ihn reservierte Abteil der Herrentoilette.

<<Los Leute, macht schnell mit unserer täglichen Wette, wie lange Planks erste dienstliche Verrichtung des Tages dauert. Könnte wesentlich schneller gehen als sonst>>, drängte *Sergt.* Lofthouse. <<Euren Einsatz von £ 3 in den *Pot* und die Zeitschätzungen auf die Zettel. Die Wetten sind gemacht. *Rien ne va plus.*>>

<<Nun hat er den Artikel und das Bild gesehen>>, kommentierte Inspector Brown, als plötzlich aus dem Toilettenbereich ein ohrenbetäubender wütender Schrei zu hören war. <<Für unsere Wette gilt, wie abgemacht, der Zeitpunkt seines Erscheinens hier.>>

Wenig später kam Plank mit hängenden Hosenträgern in den Wachraum gestürmt und brüllte <<Wer von euch Hundesöhnen sammelt hier unzulässigerweise Daten und führt Akten über mich? Und wie kommen Kopien davon auf den Müll? Wer von euch weiß etwas? Bis heute Abend will ich von jedem eine dienstliche Erklärung. Das werdet ihr mir büßen. Und du Smart, sammelst die Akten über die deutschen Omas ein und vernichtest sie. Hier hat es nie eine dienstliche Anordnung zur Überwachung der deutschen Omas geben. Ist das klar, Smart?>>

<<Yes Sir, verstanden, es hat nie eine dienstliche Anordnung oder Akten bezüglich der deutschen Omas gegeben>>, grinste Smart. <<Aber was soll ich denn dann einsammeln?>>

Plank lief rot an und wäre wie ein gereizter Stier auf Smart losgegangen, wenn ihn nicht die anderen Beamten zurückgehalten hätten. Völlig erschöpft schluckte Plank einige Beruhigungstabletten und ließ sich nach Hause fahren.

<<Die heutige Wette hat übrigens Kollege Field gewonnen. Es waren genau fünf Minuten und fünfzig Sekunden>>, verkündete Sergt. Lofthouse, der mit der Stoppuhr die Zeit genommen hatte. <<So schnell wie heute war Fartarse noch nie.>>

8 In Deutschland hatte Chef-Oma Gerda Zumpelby zur Lagebesprechung geladen, Beginn 7.30 Uhr. Da die englischen Austausch-Omas wussten, wie wichtig den Deutschen die Pünktlichkeit war, erschienen alle rechtzeitig. Die meisten blickten noch ziemlich verschlafen drein, und Oma Naughtyby raunte Oma Purzelby zu <<Wenn zu Hause jemand eine solchen Termin vorschlagen würde, bekäme er bestimmt zu hören „Wirklich? Dann können Sie auch gleich zum Baden zu mir kommen".>>

Nachdem man das ereignisreiche diesjährige Schiermacherfest belustigt noch einmal Revue passieren lassen und Oma Plauzenby eine Belobigung für ihre Mühe mit dem örtlichen Vertreter des Verfassungsschutzes, Egon Hase, ausgesprochen hatte, wandte man sich der Planung des weiteren Vorgehens zu.

Oma Naughtyby die Wichtigkeit der Pflege des Kontaktes zu Agent Hase hervorhebend und Annabell Plauzenbys Meldung <<Allzeit bereit>> waren eins. Dann wurde auf Anregung Dr. Mickeybys der anglo-deutsche Ausschuss für Medienarbeit und Public Relations gegründet, zu dem sich alle Versammelten mit Begeisterung meldeten; unter ihnen auch die Omas Nothose und Schulze-Meisenbrink, die zu diesem Treffen von Gerda Zumpelby speziell eingeladen worden waren. Aufgabe des Ausschusses sollte vorrangig die Auswertung der Medien hinsichtlich wichtiger Entwicklungen und Trends sein.

<<Ich hätte gerne einmal wöchentlich euren Bericht, damit ich auf dem Laufenden bleibe>>, sagte Dr. Mickeyby und dachte <dann habe ich aus dieser Quelle fortlaufend Informationen, die in meine Berichte für die beiden Geheimdienste einfließen können.>

<<Dein erster Vortrag, Adelgard, findet übrigens am nächsten Mittwoch bei unserem Nachbarverein, den Schondorfer Vereinigten Großmüttern statt. Die Werbung läuft auf Hochtouren,

damit auch die Sicherheitsdienste die Sache mitbekommen>>, erinnerte Gerda Zumpelby. <<Omas Schmidt-Zacke und die beiden Rezeptionsdamen, Max und Moritz genannt, werden auch dort sein, damit ihr besonders auffallt. Ich rechne fest damit, dass spätestens dann Egon oder einer seiner Kollegen einen konkreten Rekrutierungsversuch startet.>>

In diesem Augenblick erschienen Oma Schmidt-Zacke und die Omas Max und Moritz, alle drei in Tarnanzügen und mit Kappies. Besonders Dr. Adelgard Mickeyby war sehr überrascht, als Max und Moritz, beide von kräftiger Statur, die Anwesenden mit den Worten <<Guten Morgen, meine Damen>> grüßten und sich ihr vorstellten <<Gnädige Frau, wir sind zusammen mit Omas Plauzenby und Schmidt-Zacke ihre Schutzengel.>>

<<Sagt einfach Du und Adelgard oder Oma Mickeyby zu mir!>>

<<Danke, aber das wäre sehr ungebührlich von uns, Madam. Wir kennen Sie doch nicht.>>

<<Nun, wenn Sie meinen, meine Damen>>, antwortete Dr. Mickeyby und dachte <Tja, für die Deutschen ist das mit dem ‚Du' und ‚Sie' ein wichtiges Mittel, um Nähe und Distanz zu bestimmen. Wir machen das zwar auch mit der Nähe und Distanz, aber eben anders. Die Omas Schmidt-Zacke und Ponzenby sollten den beiden etwas mehr Gelassenheit und Besonnenheit beibringen. Ich wusste gar nicht, dass dies auch ein Benimmprogramm beinhaltete. Oma Plauzenby muss das geahnt haben, wollte sie doch auf keinen Fall dort hin.>

Dr. Mickeybys erster Vortrag war ein voller Erfolg. Von den Zuhörerinnen und Zuhörern, die interessiert viele Fragen gestellt hatten, erhielt sie zum Abschluss minutenlangen Applaus und *Standing Ovations*. Im Publikum hatten Oma Mickeybys ‚Schutzengel' auch zwei Herren ausgemacht, die mit großer Wahrscheinlichkeit dem Verfassungsschutz zuzuordnen waren.

In Niederstedt war Oma Plauzenby ihren Verpflichtungen im Hinblick auf Egon Hase nachgekommen, dieses Mal zu ihrer vollsten Zufriedenheit. Obwohl sie sich weigerte Details des Treffens mitzuteilen, berichtete sie zufrieden, Hase hätte vorsichtig angefragt, ob sie, Annabell, und einige der anderen Austausch-Omas Interesse an einer Zusammenarbeit auch auf anderen Gebieten hätten. Für gute Informationen zahle man selbstverständlich angemessen. Zunächst hätte sie ein solches Anliegen empört abgelehnt, dann aber versprochen, sich einmal umzuhören, denn ein regelmäßiges Einkommen sei nicht unbedingt zu verachten.

Egon Hase war begeistert, als er von Annabell Plauzenby erfuhr, dass einige der Austausch-Omas unter Umständen interessiert seien. Unverzüglich kontaktierte er seine Vorgesetzten, die ein konspiratives Treffen, überraschenderweise nicht, wie die Omas angeregt hatten, auf dem Hauptbahnhof in Hamburg, sondern in der Niederstedter Saunalandschaft vorschlugen. Omas Plauzenby, Naughtyby, Mickeyby, Lümmelby und Purzelby, denen der Ort des Treffens angesichts der kurzen Anreise sehr zusagte, fuhren am folgenden Abend erwartungsvoll bei der Sauna vor.

<<Wir sollen uns mit den beiden Agenten Punkt 20.20 Uhr in der Dampfsauna treffen>>, erklärte Annabell Plauzenby. <<Alles klarmachen zum Saunen! Wir sind spät dran.>>

Oma Purzelby wollte gerade die Tür zur Dampfsauna öffnen, die auf einem Schild als vorübergehend außer Betrieb ausgewiesen war, als die Aufsicht erschien und die englischen Omas anschnauzte <<Wo gibt's denn das? Im Badeanzug in die Sauna. Los ausziehen. In die Sauna geht man ordnungsgemäß nackt. Alles andere ist unhygienisch.>>

<<Igittigitt. Das ist äußerst unmoralisch, das nackte Rumlaufen in der Öffentlichkeit. Wenn Oma Grimmelby das erfährt, gibt es bestimmt Ärger>>, zierte sich Oma Purzelby.

<<Nun, zu Hause in Strettonby wäre man dafür mit ziemlicher Sicherheit wegen Erregung öffentlichen Ärgernisses verhaftetet worden>>, stimmte ihr Dr. Mickeyby zu.

Oma Lümmelby, die sich flugs ihres Badeanzuges entledigt hatte und zufrieden ihren Joint rauchte, meinte hingegen begeistert <<Nacktrauchen macht richtig Spaß. In Zukunft werde ich das häufiger machen.>>

<<Tolle Vorstellung heute. Muss mir unsere beiden Kontakte gleich mal richtig angucken>>, schmunzelte Oma Plauzenby und begab sich als erste in die Sauna, gefolgt von den übrigen Omas.

Zu ihrem Leidwesen konnte sie jedoch die beiden Herren, die sie höflich begrüßten, wegen des Dampfes nur ungenau erkennen.

<<Merkwürdiger Ort für ein Treffen, meine Herren. Warum gerade hier in der Sauna?>>, fragte Dr. Mickeyby interessiert.

<<Reine Vorsichtsmaßnahme. Hier fällt es sofort auf, wenn jemand ne Kamera, n Aufnahmegerät oder ein Handy dabei hat>>, antwortete der eine.

<<Oma Plauzenby, überprüf sofort die Herren, ob sie etwas dabei haben. Eine kurze Inaugenscheinnahme genügt aber, Annabell>>, befahl Edelgard Naughtyby.

Nach erfolgter Kontrolle, die dem Dickeren der beiden unangenehm zu sein schien, weil Oma Plauzenby alles genau inspizierte, eröffnete dieser die Verhandlung mit den Worten <<Ich muss Sie nicht darauf hinweisen, dass wir uns hier im ständigen Kampf mit den die freiheitlich-demokratische Grundordnung gefährdenden Elementen befinden. Besonders die Linken und die Leute in den sog. Protestbewegungen sind äußerst gefährlich und bedürfen der Überwachung. Diese Elemente sind praktisch überall.>>

<<Wohl auch in der Sauna, was>>, warf Oma Lümmelby ein.

<<Sag ich doch, überall. Und hier kommen Sie auf den Plan, meine Damen. Wir wissen, und da staunen Sie, meine Damen, dass Sie nicht nur enge Kontakte zu diesen Gruppierungen unterhalten, sondern dort auch tatkräftig mitmischen. Daher wären Sie geradezu die geeigneten informellen Mitarbeiter, die unser Amt benötigt. Und lehnen Sie nicht gleich ab, bei uns gibt es nicht nur *Peanuts* zu verdienen. Wir bezahlen treue Mitarbeiter gut. Gefährliche Elemente verfolgen wir hingegen gnadenlos; und ich will ja nicht aus der Schule plaudern, aber über Sie, meine verehrten Damen, haben wir schon dicke Akten angelegt. Kleiner Scherz, nicht wahr Adalbert.>>

<<Na, meine Damen, wie wär's?>>, erkundigte sich Adalbert.

In den anschließenden teilweise recht zähen Verhandlungen kam man schließlich überein, dass gegen monatliche Zahlung einer festgelegten Summe an jede der Omas diese sich als informelle Mitarbeiter der deutschen Sicherheitsbehörden verpflichteten. Ihre Aufgabe, regelmäßig Informationen aus der Protestbewegung, insbesondere der Anti-Atomkraftbewegung und deren Umfeld zu liefern. Nach Klärung wichtiger Details zu Orten für etwaige Treffen und Plätze zum Austausch von Informationen und finanzieller Leistungen, verließen die englischen Omas die Dampfsauna, und die Herren freuten sich über den Geschäftsabschluss.

<<Das läuft besser und schneller als gedacht>>, stellte Oma Mickeyby zufrieden fest. <<Die beiden Herren leiden offensichtlich an Wahrnehmungsverzerrungen, wenn sie überall staatsgefährdende Elemente ausmachen. Schon etwas bedenklich. Unser nächster Schritt ist, wie geplant, ein Geheimtreffen mit den ausgewählten führenden Personen der Protestbewegung, die wir neulich schon eingeweiht haben. Nun müssen wir das weitere Vorgehen und die Berichterstattung mit ihnen abstimmen, damit

alles planmäßig läuft. Unsere Freunde hatten da schon recht gute Ideen.>>

<<Sehe ich auch so>>, meinte Oma Naughtyby. <<Aber nun hab ich ganz vergessen, mir die Mäntel und Jacken der beiden Saunabesucher anzusehen.>>

<<Kaum IM und schon so dienstgeil>>, lachte Oma Mickeyby. <<Aber im Ernst, warum wolltest du dir die Klamotten der Leute ansehen?>>

<<Mich interessiert, ob da zwei Kleppermäntel und Schlapphüte hängen. Das soll angeblich, zumindest früher, die Standardbekleidung der deutschen Agenten gewesen sein.>>

9 Wenige Tage später lieferte die Mediengruppe ihre ersten Arbeitsergebnisse ab, mit denen Dr. Adelgard Mickeyby sehr zufrieden war, denn sie enthielten wichtiges Material, sowohl für den Bericht an den englischen Geheimdienst, als auch Grundlagen für die vertragsgemäß an den deutschen Geheimdienst zu liefernden Meldungen und Situationseinschätzungen.

Zur allgemeinen Erheiterung hatte die Gruppe auch ein Blatt unter der Überschrift ‚Was gibt es sonst noch Wissenswertes?' erstellt. Es enthielt den Hinweis auf geplante einschneidende Maßnahmen und grundlegende Verbesserungen bei der deutschen Bahn. Man wolle dort englischen Begriffen den Kampf ansagen und vermehrt deutsche Begriffe verwenden. Dabei gehe es nicht nur um den Schutz der deutschen Sprache, sondern auch darum, dass das Bahnfahren wieder attraktiver werde.

<<Äußerst bedenklich>>, lachte Oma Mickeyby als sie das vorlas. <<Dann wollen wieder alle mit der Bahn fahren, und die Züge sind noch vollgestopfter und ungemütlicher als jetzt>>.

<<Hört euch das an, hier berichtet unsere Mediengruppe über eine wichtige Debatte im Bundestag zur Frage, ob der Respekt vor dem Hohen Hause das Tragen von Krawatten gebiete oder nicht.>>

<<Grinst nicht! Das sind wichtige unbedingt klärungsbedürftige Fragen von staatstragender Bedeutung>>, kommentierte Edelgard Naughtyby. <<Im Augenblick diskutiert man im deutschen Parlament auch gerade, Disziplinlosigkeiten von Abgeordneten mit Geldbußen zu bestrafen. Die Einführung solcher Strafen sei aufgrund der vielfältigen Störaktionen der bösen Linken mit Plakaten, T-Shirts mit ‚Stuttgart 21'-Aufdruck, Masken etc. unerlässlich.>>

<<Tja, das ordnungsgemäße Benehmen und die Disziplin, zwei äußerst wichtige deutsche Kulturgüter. War schon unfair von

römischen Schriftstellern, die Germanen als Barbaren zu bezeichnen>>, merkte Dr. Mickeyby an.

<<Da besteht dringender Handlungsbedarf>>, warf Oma Lümmelby ein. <<Und haben die eigentlich schon überlegt, wie sie das ahnden wollen, falls Abgeordnete zum Islam übertreten und dann im Parlament mit Kopftüchern oder gar Burkas erscheinen, wo doch nach Auffassung der deutschen Sicherheitsbehörden die Leute allein durch den Übertritt zum Islam schon ein stetig wachsendes Sicherheitsrisiko darstellen. Probleme über Probleme.>>

<<Luzinde, Luzinde, du erstaunst mich jeden Tag mehr>>, lachte Edelgard Naughtyby. <<Aber Adelgard, du kennst dich ja aus. Wie ist das eigentlich mit der Religionsausübung, dem Benachteiligungsverbot wegen des Glaubens bzw. religiöser Anschauungen und dem deutschen Grundgesetz?>>

<<Sehr komplexe Frage ...>>, hob Dr. Mickeyby zu einem ausführlichen Vortrag an, als ihr Oma Lümmelby ins Wort fiel <<Ein früherer deutscher Innenminister hatte zu den Grundrechten eine klare Ansage, nämlich, er könne doch nicht immer mit dem Grundgesetz unter dem Arm rumlaufen>>.

Da war selbst Oma Mickeyby sprachlos.

<<Nun habe ich aber auch noch Fragen. Stellen Konvertiten vom Protestantismus zum Katholizismus bzw. Katholiken, die zum Protestantismus konvertieren, auch ein Sicherheitsrisiko dar. Und wie ist das mit den Menschen, die aus den beiden Kirchen austreten? Sind die ein wachsendes Sicherheitsrisiko?>>, erkundigte sich Oma Purzelby.

<<Das müsste dringend mal von Fachleuten geklärt werden. Schade, dass Fartarse nicht hier ist; der wüsste bestimmt etwas dazu>>, murmelte Oma Plauzenby.

Inzwischen hatte Dr. Mickeyby kommentarlos das Sonderblatt an Oma Naughtyby weitergereicht, die ungerührt den Bericht über die Erkenntnisse des Medienausschusses fortsetzte und auf eine Warnung hinwies, nur die in der deutschen Straßenverkehrsordnung mit Bild genau vorgeschriebenen Parkscheiben, die auf der Vorderseite keinerlei Werbung enthalten dürften, zu verwenden; ansonsten begehe man eine Ordnungswidrigkeit, die entsprechend geahndet werden könne. Ein Hinweis der Gruppe auf einen Dokumentarfilm über die Erfahrungen von Austauschschülern und -schülerinnen verschiedener Länder im deutschen Alltag, fand bei den Austausch-Omas großes Interesse, hatten sie doch vergleichbare Beobachtungen gemacht wie diese. Auch sie hatten einerseits abweisende und unfreundliche Menschen und andererseits solche erlebt, die mit ihnen sogleich über tiefschürfende Themen wie Politik, Literatur u. ä. sprechen wollten.

<<Und hier zum Abschluss noch etwas ganz Wichtiges für dich, Oma Purzelby. Von Reisen nach Malawi muss ich dir dringend abraten. Dort ist nämlich das öffentliche Pupsen bei Strafe verboten worden>>, amüsierte sich Oma Edelgard Naughtyby. <<Ich weiß zwar nicht, ob deine Furze hier in Europa eventuell als Kunstwerke angesehen werden könnten, aber eins ist sicher: In Malawi können sie den Tatbestand eines Verbrechens erfüllen, Edeltraut.>>

10 In der von Chief Inspector Plank zur Chef-Sache erklärten mysteriösen Aktenfundangelegenheit war man bisher, trotz der von ihm angeordneten umfangreichen Ermittlungen, keinen Schritt weitergekommen. Und seit Tagen berichteten auch die nationalen Medien nicht nur über den Aktenfund, sondern stellten unangenehme Fragen zum Datenschutz und zur Frage der Überwachung von Bürgern. In diesem Zusammenhang wurden erstmals auch größere Zweifel an der verbreiteten Praxis der Überwachung ganzer Stadtteile durch Videokameras laut. Ein rasender Chief Constable Uppington hatte, wie er es nannte, Plank einen gehörigen Einlauf verpasst. Dies traf Plank noch härter als sein Gesichtsverlust in der Öffentlichkeit, dem der Chief Inspector mit verstärkten Ermittlungstätigkeiten zu begegnen versuchte. Eine *Raid* bei Chef-Oma Grimmelby und im Vereinshaus *The Hut* der Strettonby Grannies hatten nichts erbracht. Da Plank die Omas trotzdem weiter verdächtigte, hatte er nun die deutschen Austausch-Omas auf das Polizeirevier bringen lassen, um sie dort hochnotpeinlich zu verhören.

<<Die knicken unter Druck ein, Smart>>, bemerkte Plank voller Zufriedenheit.

<<Ich weiß nicht, Sir; aber die scheinen genauso zäh zu sein wie unsere Omas. Sehen sie mal, die scheinen sich sogar über die Verhaftung zu freuen.>>

In der Tat unterhielten sich die Austausch-Omas lautstark wie beim Kaffeeklatsch, so dass die übrigen Anwesenden kaum ihr eigenes Wort verstehen konnten.

<<Tolles Event, Besuch bei den Bobbys mit anschließendem Verhör>>, strahlte Oma Schnakenbeck.

<<Wo bleiben der Tee und die *Biscuits*, meine Herren?>>, rief Oma Sturmhose. <<Wir haben Ihretwegen heute noch nicht gefrühstückt>>.

<<Was ist das für ein Service hier? He, Fartarse, Sie als Verantwortlicher sollten sich was schämen>>, rief Oma Schnuckwiese.

<<Smart, sofort alle in die große Zelle. Dann werde ich mir die Bande nacheinander einzeln vorknöpfen>>, brüllte Plank.

Als erste wurde später Oma Stuckenborstel in den Vernehmungsraum gebracht.

<<Amalie Stuckenborstel, Mitgliedsnummer 17 der Niederstedter Vereinigten Großmütter und stellvertretende Schatzmeisterin, zur Zeit wohnhaft in Strettonby. Zu weiteren Angaben bin ich nicht verpflichtetet und werde auch keine machen, Herr Fartarse>>, vermeldete Oma Stuckenborstel, die, wie auch die übrigen Omas, wusste, dass der Chief Inspector nichts gegen sie in der Hand hatte. Drohungen Planks, andere Saiten aufzuziehen, halfen nichts.

Einen ähnlichen Verlauf nahmen die Verhöre der weiteren einzeln vorgeführten Omas, denen die Prozedur sichtlich Vergnügen bereitete. Als letzte wurde schließlich Oma Sturmhose vorgeführt, und auch diese Oma verweigerte weitere Angaben. Als Plank drohte, sie über Nacht dazubehalten, meinte Oma Sturmhose <<Prima, ich wollte schon immer in einer Zelle nächtigen. Bei uns gibt es das jetzt in zu Hotels umgebauten ehemaligen Gefängnissen. Tolle Sache. War mir aber immer zu teuer. Und übrigens morgen zum Frühstück bitte *Full English Breakfast* mit zwei Würstchen, zwei Scheiben gebratenem Speck, zwei Spiegeleiern, Tomaten, Pilzen und gebackenen Bohnen. Danach Toast mit *Marmelade* and *Jam*. Und ordentlichen Kaffee dazu, wenn ich bitten darf, nicht diese Plörre aus Instant-Kaffee; und vor dem Aufstehen eine ordentliche Tasse Tee! Ich hab auch schon jetzt Hunger und könnte unverzüglich fast ein halbes Pferd auf Toast verspeisen. Und dann hätte ich Lust auf einen strammen Max, wenn möglich.>>

<<Da gibt es leider ein kleines Problem, gnädige Frau. Wir haben hier auf dem Revier zwar einen Beamten, der auf den schönen Namen Max hört; aber leider ist der nicht stramm, sondern eher etwas schlaff>>, grinste Inspector Smart Oma Sturmhose und Plank an, der darüber jedoch überhaupt nicht lachen konnte.

Als Plank sich etwas gefasst hatte, zog er eine DVD aus der Tasche, die Oma Sturmhose beim Eintreffen auf dem Revier abgenommen worden war.

<<Pass gut auf Smart, da kannst du noch etwas lernen. Wir spielen jetzt die Trumpfkarte, um nicht zu sagen, den Joker. Diesen aufmüpfigen Damen wird das Hören und Sehen vergehen>>, verkündete Chief Inspector Plank voller Stolz und schob die DVD in das bereitstehende Wiedergabegerät. Gebannt starrten die Anwesenden auf den Bildschirm, als das Logo und Vereinswappen der Strettonby Grannies „Industria et Virtute" erschien und eine Stimme aus dem Off die ‚volle Aufmerksamkeit für die nachfolgenden wichtige Informationen' forderte.

<<Nun haben wir die Omas endlich am Ar....., Smart>>, verlieh Plank unverhohlen seiner Freude Ausdruck. Doch dann wurde er bleich, als auf dem Bildschirm in voller Größe Oma Mickeyby erschien. ‚Hier ist Dr. Adelgard Mickeyby, Rechtsberaterin der Strettonby Grannies United, mit einer wichtigen Nachricht für Chief Inspector Plank B.A.: Das Festhalten von unbescholtenen Personen ohne Beweise oder konkrete Anhaltspunkte für eine diesen vorgeworfene bzw. von diesen angeblich begangene Straftat ist unzulässig. Die Personen sind unverzüglich freizulassen. Ansonsten wäre die Frage der Freiheitsberaubung ...'

<<Sir, sollten wir nicht lieber unsere Gäste umgehend nach Hause zu ihren Gastgeberinnen zurückbringen?>>, fragte Smart vorsichtig seinen Chef, der gerade mehrere Beruhigungstabletten herunterspülte.

<<So geht das nicht weiter. Wir brauchen dringend schärfere Gesetze, um der Kriminalität endlich besser Herr zu werden. Und eines Tages erwische ich sie, diese verfluchten Omas. Also lass sie raus, Smart. Nachhausebringen ist aber nicht. Die sind alle gut zu Fuß und können daher gefälligst laufen. Mal sehen, vielleicht sind sie ja zu faul zum Laufen und klauen ein Auto>>, meckerte Plank.

   <<Sie sind ein Fuchs, Chief Inspector>>, lachte Oma Sturmhose und murmelte zu Smart gewandt <<und er riecht auch so.>>

11   <<Wie läuft eigentlich Euer *Schmidt-Zacke/Ponzenby Institute for Growth and Decision-Making?*>>, erkundigte sich Dr. Mickeyby interessiert bei Omas Ponzenby und Schmidt-Zacke, die zusammen mit u.a. den Austausch-Omas von Gerda Zumpelby zur Feier von deren 70. Geburtstag in das Restaurant 'Zum Deichgrafen' eingeladen worden waren.

<<Hervorragend; man könnte sagen, geht ab wie Schmidts Katze>>, antwortete Olga Ponzenby zufrieden. <<Ich hoffe, du verzeihst mir den Witz, Oma Schmidt-Zacke; aber ich konnte einfach nicht widerstehen.>>

<<Pass bloß auf Olga, sonst müssen wir deine Bemerkung mit Schmidts Katze mal einer genaueren Betrachtung unterziehen und untersuchen, wie das mit der Katze ist; und dann steppt hier vielleicht der Bär>>, grinste Brunhilde Schmidt-Zacke. <<Aber im Ernst. Olga hat recht. Das Institut läuft prächtig, besonders seitdem wir die neuen Managementkurse anbieten, die stets ausgebucht sind.>>

<<Wir bieten die Kurse in Deutschland und in England an, und zwar als *The Galleyslave Programme.* In England, wo fast jeder davon träumt, einmal den *Job title* eines Managers zu erlangen, laufen sie genauso gut wie hier>>, erläuterte Olga Ponzenby. <<Brunhilde hatte die Idee mit der Sträflingen, als wir von ehemaligen kleinen Gefängnissen hörten, in denen heutzutage Leute in den ehemaligen Zellen auf den Pritschen übernachten können. Brunhilde hat ja den absoluten Durchblick und sah gleich das Geschäftspotenzial, nicht wahr, Oma Schmidt-Zacke.>>

<<Das lag doch auf der Hand. Da Galeeren nicht mehr zu haben sind, überlegten wir uns eine abgespeckte Version. Als Wikingerabkömmling kam Oma Ponzenby, nach gehöriger gemeinsamer Reflexion, dann auf die Idee mit den Booten, in denen ihre Vorfahren schon die Meere bereisten.>>

<<Aber, wie seid ihr an diese Boote gekommen?>>, staunte Oma Plauzenby.

<<Ganz einfach, wir suchten und fanden Vereine, die solche Boote nachgebaut haben und damit gelegentlich sog. Wikingerfahrten durchführen.>>

<<Klingt interessant, so mit Heimsuchung fremder Küsten? Wo man mal richtig hinlangen kann? Da bin ich dabei>>, begeisterte sich Annabell Plauzenby.

<<Nee Annabell, das sind ruhige und gesittete Ausflugsfahrten>>, dämpfte Oma Ponzenby. <<Das Hervorragende ist, wir können die Boote häufiger für jeweils eine knappe Woche mieten. Und dann führen wir unser Galeerensträflingsprogramm durch. Betriebe, die was auf sich halten, buchen das Managementtraining meistens zunächst für das Leitungsteam, später aber auch für die mittleren und unteren Führungsebenen.>>

<<Wir beginnen jeweils montags um 5.30 Uhr mit der Einkleidung der Teilnehmer und Teilnehmerinnen als Sträflinge. Danach geht es sofort auf das Boot, wo den Trainees ihr jeweiliger Platz am Ruder zugewiesen wird. Auf das Anketten und die Züchtigung der Trainees mit der Peitsche verzichten wir, obwohl einige deswegen schon über mangelnde Authentizität gemeckert haben. Die Sträflinge dürfen ihren Platz nur mit vorher erteilter Erlaubnis verlassen. Geschlafen wird in der Regel im Boot auf Isomatten und in Schlafsäcken. Zum Schutz gegen Wind, Regen oder Schnee und Hagel gibt es eine große Plane über dem Boot, welche die Trainees bei Bedarf anbringen können.>>

<<Jeder Teilnehmer erhält ein Überlebenspaket mit verschiedenen Konserven, Dosenöffner, einer Art Schiffszwieback und einer Notration Wasser>>, übernahm Oma Ponzenby die weitere Erläuterung. Es ist für alles Notwendige gesorgt. Während unseres Trainingsprogrammes ist im Bug des Bootes ein Dixie-Klo aufgestellt. Alle Sträflinge sind trotz ihrer unterschiedlichen Stellung im entsendenden Betrieb gleich. Nur der ,Schlagmann'

hat eine besondere Stellung, weil er mit zwei Holzhämmern auf einem Holzklotz den Rudertakt angibt. Er oder auch sie darf jeden Tag neu von den Sträflingen gewählt werden, was uns die ersten Problemschwerpunkte zeigt und schon gleich die unterschiedlichen Verhaltensweisen in den beiden Ländern deutlich werden lässt. Während englische Trainees oft stundenlang diskutieren, keine Entscheidung fällen bzw. keine Verantwortung und Leitung übernehmen wollen, gibt es in Deutschland nicht selten einen erbitterten Kampf zwischen mehreren Teilnehmern um die Führung. Die Wahl des ‚Schlagmannes' stellt für uns ein wichtiges Instrument dar, das Rückschlüsse auf den Gruppenprozess zulässt.>>

<<An einigen Tagen erhalten die Trainees teambildende Aufgaben an Land, die auf den jeweiligen Gruppenprozess abgestellt sind.>>

<<Klingt alles sehr anstrengend und ungemütlich>>, meinte Dr. Mickeyby. <<Wie steht ihr das nur durch?>>

<<Kein Problem. Tagsüber sind wir an Bord der Boote, ggfs. mit Ölzeug. Wir essen und schlafen aber an Land in unserem komfortablen Wohnmobil, mit dem Max und Moritz unsere Reise auf den Flüssen begleiten und zum jeweiligen Liegeplatz für die Nacht kommen. Max und Moritz gehen dann an Bord und halten abwechselnd Wache auf dem Boot, um Fluchtversuche der Sträflinge zu verhindern.>>

<<Die Firmen sind ganz verrückt nach unserem Programm>>.

<<Tja, verrückt ist das richtige Wort>>, lachte Oma Naughtyby, und Oma Plauzenby murmelte <<Denkt bloß nicht, dass ihr mich bei so etwas sehen werdet. Da möchte ich nicht tot überm Zaun hängen.>>

12 Einige Tage später trafen sich Dr. Mickeyby, Oma Plauzenby und Oma Naughtyby, um ihren Berichten an den deutschen und den englischen Geheimdienst den letzten Schliff zu verleihen.

<<Ich denke, wir sind gut aufgestellt, wie es hier immer so schön heißt>>, stellte Oma Mickeyby zufrieden fest. <<Bei den Protestbewegungen ist man sehr erfreut, mit uns zusammenzuarbeiten, und liefert gerne regelmäßig Informationen aus der Szene, die jedoch keinerlei Schaden bei den Bewegungen oder einzelnen Personen anrichten können, andererseits aber äußerst interessant klingen.>>

<<Meine englischen Kontakte haben vereinbarungsgemäß auch die für unser Land unschädlichen Informationen geliefert. Wie du siehst, sind sie zusammen mit ausgewählten Arbeitsergebnissen unserer Mediengruppe in den deutschen Bericht eingeflossen>>, führte Edelgard Naughtyby aus. <<Woher kommen eigentlich die Ausführungen zu den drei Leuten in der Anti-Atomkraftbewegung, die nicht nur protestieren bzw. ggfs. schottern wollen, sondern etwas Größeres planen, Adelgard?>>

<<Von unseren Vertrauensleuten aus der Anti-Atomkraftbewegung. Man hat die drei Leuten schon lange im Verdacht, dass sie als Agents Provocateurs für die Sicherheitsbehörden arbeiten und dazu beitragen wollen, die Bewegung, wie schon wiederholt von staatlicher Seite versucht, als gewalttätig und als Chaotentruppe darzustellen. Die drei Leute sollen mehrfach vorgeschlagen haben, man müsse es dem Staat nun endlich zeigen und größere gewaltsame Aktionen durchführen. Dies sei jedoch, den Grundüberzeugungen eines gewaltlosen Widerstandes entsprechend, immer von der Bewegung abgelehnt worden. Ich dachte mir, ein dezenter Hinweis auf die Vorschläge dieser drei von mir bewusst nicht zu genau beschriebenen Personen würde gut in das nicht ganz

unvoreingenommene Bild der Sicherheitsbehörden passen und daher begeistert aufgenommen werden.>>

<<Ich stelle mir gerade die dummen Gesichter und den Eklat bei einem Zugriff der Behörden auf diese Leute vor>>, freute sich Annabell Plauzenby.

<<Aber, bekommen wir dann nicht Ärger oder fliegen gar auf, weil wir über die Aktivitäten ihrer eigenen Leute berichtet haben?>>, gab Oma Naughtyby zu bedenken.

<<Keine Angst, wir stellen uns ggfs. doof; als informelle Mitarbeiter sind wir nur Schmalspuragenten ohne fundierte Geheimdienstausbildung, die auftragsgemäß die Szene beobachten. Dabei sind uns die drei Leute mit ihren etwas außergewöhnlichen Ideen besonders aufgefallen. Da war es doch geradezu unsere Pflicht, entsprechend zu berichten, um etwaige Gewalttätigkeiten dieser Leute zu verhindern, nicht Edelgard.>>

<<Und die Geheimdiensteinis glauben doch, dass wir ihnen nicht einmal, wie es schön heißt, auf Augenhöhe gegenüberstehen>>, pflichtete Oma Plauzenby ihr bei. <<*If that's not good for a laugh.*>>

<<Der Bericht an unsere Geheimdiensteinis sieht ja ziemlich besorgniserregend aus>>, bemerkte Edelgard Naughtyby.

<<Das entspricht auch den Tatsachen. Die Lage in diesem Land gibt schon zu Befürchtungen Anlass. Das Wiederaufreißen des vor Jahren einigermaßen beigelegten und befriedeten langjährigen Atomkonflikts durch die Regierung, die von der Regierung mit der Atomlobby heimlich geschlossenen Garantieverträge zur Laufzeit der Kernkraftwerke und das Durchboxen der Laufzeitverlängerungen durch die Legislative trotz heftiger Proteste und fehlendem Rückhalt in der Bevölkerung. Die bewusste Eskalation des Konfliktes durch einige Vertreter des Staates, um sich dann noch bitterlich über das Wiederaufleben und Anwachsen der Anti-Atomkraftbewegung zu beklagen, oder, wie der Umweltminister, zu meinen, man könne

die Proteste durch sog. Gesprächsangebote zum Abflauen oder gar Verstummen bringen. Das mag vielleicht hinsichtlich der allgemeinen Öffentlichkeit funktionieren, nicht aber bei der seit Jahrzehnten gewachsenen Protestbewegung im Wendland. Die „Stuttgart 21"-Sache ist ein ähnliches Beispiel, das sich nicht einfach durch ein Schlichtungsverfahren und einen Schlichterspruch erledigen lässt. Auf der einen Seite beobachte ich ein zunehmendes Aufbegehren der deutschen Bürger gegen von ihnen als bevormundend, ungerecht bzw. als wenig sinnvoll wahrgenommene Verfahren und Projekte. Anderseits fällt mir auf, dass sich die allgemeine Öffentlichkeit selbst bei heftigen Protesten durch Versprechen von Politikern für Abhilfe zu sorgen, häufig beschwichtigen lässt, auch wenn dann in der Regel nichts Grundlegendes zur Veränderung der Situation passiert>>, war Dr. Mickeyby kaum zu bremsen.

<<Ah, so läuft das hier. Interessant. Bei uns zu Hause lässt man, wenn es nicht mehr anders geht, die Protestierenden mitreden und verkündet dann die schon von vornherein feststehende Entscheidung mit dem Hinweis an die Gegner ‚Was wollt ihr eigentlich? *You have had your say'*. Oder man beschließt eine *Public Inquiry*, die sich dann, manchmal jahrelang, mit der Sache beschäftigt, so dass der Protest an Momentum verliert>>, stellte Oma Naughtyby fest.

<<Stimmt genau, Edelgard>>, ergriff Oma Mickeyby wieder das Wort. <<Wie ihr in meinem Bericht lesen könnt, war es nicht schwer, meine Feststellungen anhand einer Vielzahl von Beispielen zu belegen. Da gibt es seit Jahren von Zeit zu Zeit Aufschreie wegen der ständig steigenden Treibstoffkosten und Hinweise von Automobilklubs, dass für die Preissteigerungen keine einsichtigen Gründe zu erkennen sind. Und Minister kritisieren die Konzerne und kündigen ihnen Konsequenzen an. Das Bundeskartellamt ermittelt seit Jahren, ohne, nach eigenen Angaben, jemals irgendwelche Anzeichen für Preisabsprachen der

Mineralölkonzerne gefunden zu haben. Selbst als das Bundeskartellamt nach Jahren von Ermittlungtätigkeit darauf hinweist, dass fünf große Ketten etwa 70% des Marktes beherrschen, reagieren die meisten Politiker mit Überlegungen wie z. B. der Festschreibung von Benzinpreisen für jeweils 24 Stunden bzw. einem grundsätzlichen Verbot von weiteren Tankstellenaufkäufen durch die marktführenden Konzerne, Maßnahmen, die denke ich, den Kern des Problems nicht treffen. Ähnliches geschieht auf dem Energiesektor. Werden z. B. die ständig steigenden Stromkosten in einem Gutachten wegen hoher Gewinne der Unternehmen gerügt, weisen letztere einfach derartige Untersuchungen und Feststellungen zurück, ohne dass dies irgendwelche größeren Konsequenzen für sie hätte; vielmehr werden die Verbraucher u.a. von der Politik auf die Möglichkeit des Anbieterwechsels als eine Art Allheilmittel verwiesen, was es jedoch nicht ist.>>

<<Das ist sehr praktisch. Man muss den Leuten nur vorgaukeln, es geschehe etwas, bzw. sie könnten durch ihr Handeln das Geschehen grundlegend beeinflussen>>, warf Oma Plauzenby ein.

<<Mensch Annabell, solche Einsichtigen hätte ich dir gar nicht zugetraut>>, staunte Dr. Mickey und fuhr fort <<Obwohl die Verbraucherministerin schon ziemlich lange Abhilfe hinsichtlich des Abkassierens durch Telefonwarteschleifen versprochen hat, geht die Abzocke munter weiter. Und dann ist da noch die Deutsche Bahn.>>

<<Das ehemalige Prunkstück der von uns Engländern manchmal bewunderten und beneideten deutschen Pünktlichkeit und Zuverlässigkeit, das einmal mit dem Slogan warb „Alle reden vom Wetter, wir nicht">>, lachte Oma Naughtyby.

<<Tja, *once upon a time*, Edelgard. Nicht nur die hellauf begeisterten Fahrgäste erzählen da eine andere Geschichte. Trotz erheblichen Instandhaltungs- und Investitionsstaus bei der Bahn und diverser Pannen und Verspätungsprobleme dieses Betriebes

geschieht lange Zeit nichts Tiefgreifendes bevor man endlich beschließt, die nächsten Jahre wieder mehr zu investieren. Zugausfälle und Verspätungen bleiben trotzdem an der Tagesordnung, und, wie bereits wiederholt im Sommer 2010 geschehen, kommt es immer noch zu Ausfällen der Klimaanlagen in ICs und ICEs. Und Probleme mit rutschigen, glatten, oder ungestreuten Straßen bei längeren winterlichen Verhältnissen wischen manche Kommunen mit dem Argument vom Tisch, den ministeriellen Aufforderungen zur Anlegung ausreichender Streusalzvorräte habe man nicht Folge geleistet, weil das eben nicht finanzierbar sei. Auch Reparaturen von Winterschäden an den Straßen sind oft unter Hinweis auf fehlende Mittel unterblieben bzw. haben nicht in dem eigentlich erforderlichen Umfange stattgefunden.>>

<<Da fragt man sich, wie wohl staatliche Stellen reagierten, wenn die Bürger mit dieser Argumentation die Zahlung von Steuern und Abgaben verweigerten, oder verkehrsunsichere Fahrzeuge betreiben würden, und das gar noch ohne den vorgeschriebenen Versicherungsschutz, Annabell.>>

<<Tja, die kommen bestimmt nicht mit einem Schulterzucken oder einem ‚*We are terribly sorry*' weg. Es kommt immer drauf an, wer was macht. Für Krankenhäuser läuft das offensichtlich nach einer Zeitungsmeldung gut. Wenn sie Krankheiten, die nicht behandelt worden sind, oder sich gegenseitig ausschließende Diagnosen abrechnen, müssen sie, wenn das auffällt, nur die ihnen nicht zustehenden Beträge erstatten. Wenn das nicht günstig ist. In manchen Bundesländern soll eine erhebliche Zahl der stichprobenartig geprüften Krankenhausabrechnungen fehlerhaft sein.>>

<<Und dann gibt es da noch den Energiekonzern, der trotz diverser verlorener Prozesse und höchstrichterlicher Entscheidung die Gesamtbeträge unzulässiger Gaspreiserhöhungen nicht an die Kunden zurückzahlen wollte, sondern hoffte, dass die meisten Kunden sich mit Teilbeträgen abspeisen lassen oder klein beigeben

würden>>, fuhr Dr. Mickeyby fort. <<Aber hier haben die sonst eher mit den Ungerechtigkeiten lebenden Bürger tausende von Klagen und zigtausende von Beschwerden erhoben bzw. in Massen den Anbieter gewechselt, so dass der Konzern schließlich seine Bereitschaft zur Rückzahlung der Gesamtbeträge ankündigte und selbst dann aber noch in Prozessen zur Rückzahlung verurteilt werden musste>>, erläuterte Dr. Mickeyby und fasste ihre Ausführungen mit den Worten zusammen: <<Das Verhalten mancher staatlicher Behörden und anderer Organisationen sowie einiger Politiker lässt, in meinen Augen, eine ‚Scheißegal-, Augenzu-und-durch-Mentalität' erkennen. Und die große Mehrheit der Bürger meckert zwar, nimmt es jedoch letztlich meistens resignierend hin. Nun: Was lehrt uns das? Die Betreffenden wissen genau, dass sie bei genügend langem Atem und Aussitzen mit ihrem Verhalten durchkommen. Und das ist besorgniserregend.>>

<<Sag ich ja immer. Es hilft eben enorm, wenn man ein dickes Fell hat. Dann kann man Ärger und selbst ein bisschen Prügel besser wegstecken>>, stellte Oma Plauzenby fest. <<Was meint ihr, Leute, sollte ich mit meinem kampferprobten dicken Fell nicht mal in die Politik gehen und da etwas zum Allgemeinwohl beitragen?>>

13   In Strettonby waren auf Anweisung von Oma Emma Pingelby sämtliche Mitglieder telefonisch gewarnt worden, sich derzeit unbedingt von Chef-Oma Grimmelby fernzuhalten. Trotz des Ärgers mit den Handwerkern vor einiger Zeit hatte Sieglinde Grimmelby eine Heizungsfirma bestellt, um endlich einen Heizkörper im Badezimmer installieren zu lassen. Mit dem Heizstrahler wurde das Bad, jetzt im Alter, ihr nicht mehr warm genug.   Bis vor kurzen hatte sie das nur wenig gestört. Die Installateure waren inzwischen dabei, an der Wand zum Wohnzimmer die Zuleitung für den zusätzlichen Heizkörper zu verlegen, und versicherten ihr, man würde kaum Schmutz machen. Im Wohnzimmer hatte der Maler, der seine Arbeiten stets zur vollsten Zufriedenheit von Oma Grimmelby ausführte, gerade die Chef-Oma stolz gebeten, sein fertiges Werk zu bewundern, als aus dem Badezimmer ein heftiges Klopfen und Hämmern zu hören war.   Dann zeigte sich ein Riss in der angrenzenden Wohnzimmerwand, und ein halber Stein flog Oma Grimmelby und dem Maler vor die Füße. Letzterer, man glaubt es kaum, riss sich die Mütze vom Kopf und sprang wütend darauf herum. Die Chef-Oma, hingegen, ergriff mit eisigem Blick ihren Regenschirm und hieb auf die beiden Installateure ein. Entsetzt stürmten die beiden Handwerker aus dem Haus, wobei der langsamere noch mit einem Fußtritt bedacht wurde.

Entsetzen ergriff später auch die Strettonby Grannies, weil Sieglinde Grimmelby, sich dann, trotz der wiederholten schlechten Erfahrungen, entschloss, Kostenanschläge für den Austausch ihrer alten teilweise erneuerungsbedürftigen Fenster im *Cottage* gegen moderne PVC-Fenster einzuholen. Als vor zwei Tagen ein Vertreter die Fenster vermessen und dann erklärt hatte, seine Firma könne zwar die neuen Fenster liefern aber nicht einsetzen, war Oma Grimmelby sichtlich verschnupft, hatte sie doch schon bei der Terminvereinbarung deutlich gemacht, dass sie die kompletten Leistungen wünsche. Ihre Laune verschlechterte sich weiter, weil ein anderer Vertreter, was eigentlich nicht ungewöhnlich war, den gestrigen Termin nicht eingehalten und sich auch nicht gemeldet hatte. Nunmehr wartete sie schon seit dem Morgen auf das Erscheinen dieses Vertreters. Gegen Mittag klingelte es an Haustür. Als Oma Grimmelby öffnete, stand ihr der lange erwartete Vertreter gegenüber und verlangte Mr. Grimmelby zu sprechen.

<<Ich vergebe hier die Aufträge>>, erklärte Sieglinde Grimmelby mit finsterem Blick.

<<Wieso das? Ich dachte, ich verhandele hier mit einem Mann>>, antwortete der Vertreter herablassend, worauf Oma Grimmelbys Miene sich noch weiter verfinsterte.

<<Verschwinden Sie! Sonst kann ich für nichts garantieren. Hier sind schon ganz andere Leute unter die Räder gekommen>>, knurrte Sieglinde Grimmelby.

<<Prima, das ist lustig und macht Spaß; ich mag muntere Frauen>>, lachte der Vertreter selbstgefällig. Umso ungläubiger starrte er die Chef-Oma an, als ihn der erste Schlag mit dem Regenschirm traf und er daraufhin die Flucht ergriff.

<<Emma, warne auch die deutschen Austausch-Omas>>, ordnete Rosa Livingston an. <<Mit Sieglinde ist in der nächsten Zeit nicht zu spaßen. Bestell ihnen, ich hätte gesagt, Sieglinde sei zur Zeit nur bedingt zurechnungsfähig, und das, obwohl unsere Basarvorbereitungen, während derer sie immer etwas von der Rolle ist, noch lange nicht anstehen. Und pass auch auf, dass Fartarse ihr in den nächsten Tagen nicht in die Quere kommt oder gar in ihren Regenschirm läuft. Ich will keinen unnötigen Ärger.>>

<<Vielleicht sollten wir Oma Grimmelby etwas ablenken. Man munkelt, sie stehe auf stramme Männer in Uniform. Soll ich mich da mal etwas umtun, Rosa?>>, witzelte die auch zur Besprechung erschienene Oma Knasterby.

<<*Good thinking*, Ingelore. Also, wir lassen sie sich erst etwas beruhigen, und dann schlage ich ihr vielleicht die erste der von ihr geplanten Inspektionsreisen nach Niederstedt vor. Würdest du dir zutrauen, unsere Omas während Sieglindes Abwesenheit zu bändigen, Ingelore?>>

<<Klar, wenn noch genug Zeit bleibt, um ihren grimmigen Blick zu üben. Guck mal, Rosa! Klappt schon jetzt ganz gut>>, meinte Oma Knasterby mit finsterem Blick, dem jedoch Sieglinde Grimmelbys gewisses Etwas noch fehlte.

14 <<So, jetzt werden andere Saiten aufgezogen>>, verkündete Chief Inspector Plank voller Wut bei der Dienstbesprechung. <<Was treibt ihr eigentlich den ganzen Tag? Ich erwarte endlich Resultate in der Aktenfundangelegenheit! Wo bleiben die Festnahmen? Ich will diese Elemente hinter Gittern sehen! Aber was macht ihr? Ihr eiert nur herum. Das wird jetzt anders. Heute nach jeweiligem Schichtende vier Stunden Nachsitzen für die ganze Truppe. Das gilt auch für dich Smart.>>

Zunächst betretenes Schweigen bei den Bediensteten des Strettonby Polizeireviers, dann aber vereinzelt Stimmen wie <<jetzt dreht er total ab>> und <<wir brauchen bald die Männer in den weißen Kitteln.>>

Auch nach Ende der Dienstbesprechung vermochte Inspector Smart seinen Vorgesetzten nicht zu beruhigen. Wild gestikulierend traf Plank dann folgende Anordnungen <<Smart, lass in den Umkleideräumen und in den Personaltoiletten Kameras anbringen! Ich will wissen, wer wann auf die Toilette geht und wer sich mit wem in den Umkleideräumen trifft. Und lass Mikrofone anbringen, ich will auch wissen, was die da besprechen. Weiter erwarte ich umgehend wöchentliche Informationen über die finanziellen Verhältnisse der Pfeifen hier! Ich will wissen, ob wir in unseren Reihen bezahlte Schläfer haben, die mit diesen staatsgefährdenden Elementen zusammenarbeiten.>>

<<Sir, möchten Sie sich die Sache vielleicht doch noch einmal überlegen? Ich fürchte, es könnte eventuell einige Unannehmlichkeiten wegen der von Ihnen ins Auge gefassten Maßnahmen geben.>>

<<Smart, das ist Insubordination. Ich erwarte von dir die umgehende Ausführung meiner Befehle, und zwar ohne Widerworte. Ist das klar!>>

<<Selbstverständlich Sir. Wie sind ihre Anweisungen hinsichtlich der Kosten für die Maßnahmen? Unser Haushalt erlaubt da leider wenig Spielraum.>>

<<Kein Problem. Die Maßnahmen finanzieren wir durch die Einnahmen.>>

<<Einnahmen Sir?>>

<<Auf den deutschen Autobahnraststätten gibt es so ein System, bei dem man für die Toilettenbenutzung € 0,70 zahlt und dafür einen Gutschein in Höhe von € 0,50 erhält, den man in der Raststätte einlösen kann. Ich denke, wir nehmen £ 1 für einen Toilettenbesuch und erstatten 30 Pence als in der Kantine zu nutzenden Verzehrgutschein.>>

<<*A jolly good idea*, Sir. Aber besteht da nicht die Gefahr, dass einige unserer Leute dann auf die Rasenflächen hier am Haus ausweichen? Und das Urinieren in der Öffentlichkeit stellt doch als *Disorderly Behaviour* eine *Public Order Offence* dar?>>

<<Klar, *Alfresco Urinators* werde ich auf keinen Fall dulden, Smart.>>

<<Sir, was passiert, wenn sich trotzdem einer unserer Kollegen an die Hauswand stellt und dabei von einer der Omas entdeckt wird? Oma Mickeyby würde ganz bestimmt nur zu gerne einen *Citizen's Arrest* vornehmen.>>

<<Keine Angst, Smart. Die alte Mickeyby ist in Deutschland. Aber vielleicht sollten wir doch den Verzehrgutschein auf 50 Pence erhöhen, damit die Leute nicht in Versuchung geraten. Und übrigens sollten die Pfeifen eigentlich vor dem Dienst ihre *Private Facilities* zu Hause aufsuchen.>>

<<Aber Sir, sind selbst 50 Pence im Vergleich zu den 20 Cent Toilettenbenutzungsgebühr in Deutschland nicht etwas hoch?>>

<<Was soll die Frage Smart. Wir sind hier doch keine Autobahntoilette, sondern ein Polizeirevier.>>

<Ich hab ihn gewarnt>, dachte Smart resignierend und gab noch am selben Tage die Maßnahmen in Auftrag.

Als zwei Tage später Oma Knasterby zusammen mit Oma Sturmhose die Polizeistation betrat, war der Wachraum zu ihrer Verwunderung unbesetzt. Aus einem Nebenraum, zu dem die Tür nur angelehnt war, hörten sie jedoch Lachen und Johlen. Als Oma Knasterby die Tür vorsichtig etwas weiter öffnete, bot sich den Besucherinnen folgendes Bild. Sieben Beamte starrten zufrieden auf den mit einem Aufzeichnungsgerät verbundenen Bildschirm der gerade am Vortage installierten Kameraüberwachungsanlage.

<<Achtung, gleich erfolgt der Auftritt von Fartarse>>, rief einer der Beamten. Dann sah man Chief Inspector Plank zielstrebig auf das für ihn persönlich reservierte Abteil der Herrentoilette zugehen und darin verschwinden. Als Plank nach zwanzig Minuten wieder auf dem Bildschirm erschien, grinste Sergt. Lofthouse <<Prima Dokumentation von Fartarses ersten morgendlichen dienstlichen Verrichtungen. Sollte unbedingt gespeichert werden. Man weiß nie, ob man das noch mal gebrauchen kann, was Kollegen.>>

In diesem Augenblick bemerkte Inspektor Brown mit Entsetzen die beiden Omas. <<Können wir Ihnen helfen, meine Damen? Darf ich Sie in den Wachraum bitten.>>

<<Oma Sturmhose hätte gerne ihren Regenschirm zurück, den sie neulich beim Besuch und der Besichtigung ihrer schönen Einrichtung vergessen hat>>, erklärte Oma Knasterby, ohne eine Miene zu verziehen.

<<Aber selbstverständlich meine Damen.>>

Kaum hatten die Omas das Polizeirevier verlassen, platzte es aus Oma Knasterby heraus <<Hast du das gesehen Adelheid? Die haben Beobachtungskameras in den Umkleideräumen und den Personaltoiletten anbringen lassen und können sehen, wer wann diese Räumlichkeiten aufsucht. Das stinkt zum Himmel.>>

<<Selbst Fartarse scheint davon betroffen zu sein. Ob das von ganz oben angeordnet wurde, Ingelore?>>

<<Glaub ich nicht. Sieht ganz nach einer der Ideen von Fartarse aus. Der Heiterkeit beim übrigen Personal nach zu urteilen hat der liebe Fartarse im Eifer des Gefechts nicht daran gedacht, dass auch er beim Aufsuchen des Waschraumes genau beobachtet werden kann. Peinlich, peinlich. Aber eine tolle Nachricht, die Chef-Oma Grimmelbys schlechte Laune bestimmt verbessern kann. Ich hab mit meinem Handy zu Beweiszwecken mal Fotos und ne Videosequenz von den lachenden Beamten und Fartarse auf dem Bildschirm gemacht. Vielleicht wäre die Sache ggfs. etwas fürs Internet oder für den *Strettonby Daily*. Ich sehe schon die Schlagzeile vor mir „Örtliche Polizei überwacht ihre Beamten beim Toilettengang".>>

<<Prima, Adelheid. Bei euch ist immer was los.>>

Den Niederstedter Omas gefiel es ausgezeichnet in Strettonby und der weiteren Umgebung. Wochenlang schwärmten sie von einem mehrtägigen Aufenthalt in Leicester, wo sie auch einen Folkabend in einer Kneipe besucht hatten, bei dem Roy Bailey und der Chor *Red Leicester* aufgetreten waren.

<<Das war vielleicht ne wilde Gegend, und die Kneipe erst, ein großer Raum im siebziger Look. Da war mir zunächst doch etwas komisch, aber dann: Die tolle Atmosphäre, der rote Chor, der beeindruckende Sänger, der die Zuhörer nicht nur mit den Texten der Lieder begeisterte. Und das freundliche Publikum, das voller Freude die kritischen bzw. linken Lieder mitsang. Auch wir Omas haben begeistert mitgemacht. Ein toller Abend unter netten Leuten. Lange nicht mehr so wohlgefühlt. Und selbst ich, die allseits geschätzte und gesetzte Oma Frederike Schnuckwiese, habe begeistert die Internationale mitgesungen. Wenn das mein Kaffeekränzchen erführe, würde für die Damen eine Welt

einstürzen. Ich stelle mir gerade die entsetzten Gesichter vor>>, freute sich Oma Schnuckwiese.

<<Stimmt; der Abend war prima>>, meinte auch Oma Stuckenborstel. <<Mir gefiel jedoch besonders die kulturelle Vielseitigkeit der Stadt, das harmonische Zusammenleben so vieler verschiedener Kulturen, der gegenseitige Respekt der Menschen für die kulturell bedingten unterschiedlichen Lebensweisen ihrer Mitbürger. Leicester macht einen entspannten Eindruck. Eine Stadt, in der Menschen ohne Migrationshintergrund friedlich mit Bürgern zusammenleben, die überwiegend in den letzten 40 Jahren aus Ostafrika und Asien eingewandert sind; eine Stadt, die auch durch das harmonische Miteinander der unterschiedlichen Religionen, u.a. Christentum, Hinduismus und Islam, geprägt ist.>>

<<Das ist umso erstaunlicher als dass Leicester sich Anfang der siebziger Jahren mit Händen und Füßen gegen die damals beginnende Einwanderungswelle aus Uganda gewehrt hatte und die Migranten in der Folgezeit trotzdem gekommen sind>>, erklärte Oma Pingelby. <<Bereits im Jahre 2001 feierte der *Guardian* in einem Artikel Leicesters multikulturellen Erfolg und berichtete, die Stadt, die 1972 die Einwanderung als unheimliche Bedrohung sah, sei nunmehr stolz auf ihre kulturelle Vielfalt. In einer Dekade werde Leicester, nach der damaligen Einschätzung des *Guardian*, eine Mehrheit aus Menschen mit Migrationshintergrund aufweisen. Ich denke, das dies heute fast der Fall ist.>>

<<An Leicester sollten wie uns ein Beispiel nehmen, Amalie>>, bekräftigte Adelheid Sturmhose. <<Wenn ich an die sog. Integrationsdebatte in Deutschland und die Äußerungen mancher deutscher Politiker denke, bekomme ich das Grausen. Da dröhnen manche konservative Politiker immer wieder vom Christentum als der deutschen Leitkultur und dem Verlangen an die in Deutschland lebenden Ausländern zu einem Bekenntnis zu dieser Kultur. Und dann noch das Gerede, der Islam gehöre nicht

zu Deutschland. Wenn ein konservativer Bundespräsident, der vor der Ausgrenzung von Migranten warnt, wegen seiner Äußerung, der Islam gehöre inzwischen auch zu Deutschland, geballte Kritik aus der konservativen Partei sowie von einigen Medien bekommt, macht das alles schon sehr nachdenklich. Das gilt auch für die Äußerung der Integrationsbeauftragten der Bundesregierung, Multikulti sei gescheitert. Und dann noch die Verpflichtung der Migranten unter Sanktionsandrohung zum Besuch von Deutschkursen, obwohl aufgrund finanzieller Engpässe nicht genügend solcher Kurse angeboten werden. Ferner reden viele von Integration und meinen eigentlich Assimilation, d. h. Anpassung an die sog. deutsche Leitkultur bzw. das Aufgehen darin. Eine solche mit Identitätsverlust verbundene Selbstaufgabe wird verständlicherweise von den Betroffenen zu recht abgelehnt. Von manchen der Mehrheitsgesellschaft wird oft vergessen, dass außer den Migranten auch die Mehrheitsgesellschaft selbst ihren Beitrag leisten und die Menschen mit Migrationshintergrund als Teil der Gesamtgesellschaft sehen muss. Das derzeitige negative Bild vieler Deutscher vom Islam und das von der Universität Münster festgestellte im Vergleich zu anderen Ländern viel intolerantere Verhältnis der Deutschen zu ihnen fremden Religionen dürften in diesem Zusammenhang nicht sehr hilfreich sein>>, eiferte sich Oma Sturmhose. <<Da könnte man vor Frust und Ärger fast aus der Hose springen.>>

<<Kann ich gut verstehen, Adelheid>>, stimmte ihr Oma Lützelmeier zu. <<Und Leicester macht mir Hoffnung. Es zeigt, dass es auch anders geht.>>

<<Mir gefällt hier in England das vielfältige kulturelle Angebot für fast jeden Geschmack. Daher hat man eine große Auswahl>>, wechselte Oma Schnakenbeck das Thema. <<Die Leute gehen ins Theater, weil es sie interessiert und es ihnen Spaß macht. Da herrschen weder gesellschaftlicher Zwang noch Druck. Veranstaltungen sollen Freude machen. Man geht nicht hin, weil

sich das so gehört oder weil man es seiner Bildung schuldig ist. Und die Einführungen nach deutscher Bildungsbürgerart, damit die Besucher die Aufführung auch ja richtig verstehen, gibt es hier nicht. Daher gehen letztlich wesentlich mehr Menschen ins Theater und zu anderen Veranstaltungen als dies bei uns Zuhause der Fall ist>>, begeisterte sich Luise Schnakenbeck, die seit ihrer Schulzeit sonst einen großen Bogen um Theater und ähnliche Einrichtungen machte.

<<Bei uns gibt es auch im Sommer Vorstellungen. Dann haben wir in der Regel etwa vier Wochen gastierende gute Theatergruppen mit interessanten Stücken. Eine der Gruppen lässt die Stücke für das Sommertheater des folgenden Jahres vom Publikum während der Sommerspielzeit auswählen>>, erzählte Oma Pingelby. <<Und man kann auch noch Geld sparen, wenn man alle vier Stücke bucht.>>

<<Bei schönem Wetter fahren wir frühzeitig zum Theater und genießen vor der Vorstellung im Hof den Sonnenschein bei einem Bier, einem *G&T*, oder einem Kaffee>>, berichtete Oma Schnurzelby.

<<Muss man beim Theaterbesuch nicht eigentlich Sekt trinken?>>, fragte Oma Lützelmeier überrascht. <<Das gehört doch unbedingt dazu.>>

<<Das kann jeder halten, wie er will. Wir trinken das, wonach uns gerade ist>>, sagte Oma Schnurzelby.

<<Dann trink ich mein *Newcastle Brown Ale* und esse dazu ne Tüte Crisps mit Krabbengeschmack und eine mit Käse-und-Zwiebel-Geschmack>>, strahlte Oma Sturmhose.

<<Und übrigens, zum Theaterbesuch braucht ihr euch nicht aufzubrezeln oder in Schale zu schmeißen. Das macht hier nämlich kaum jemand.>>

<<Prima, das spart ne Menge Zeit, die wir gut anderweitig nutzen können>>, verkündete Oma Sturmhose zufrieden. <<Dann kann ich mir vorher noch ne Portion *Fish & Chips* holen. Sonst

knurrt mir eventuell während der Vorstellung der Magen, und das könnte die anderen Zuschauer stören.>>

15 <<Wo ist eigentlich Dr. Mickeyby?>> fragte die deutsche Chef-Oma ihre zum Kaffee geladenen englischen Gäste.

<<Adelgard Mickeyby hat eine mehrwöchige Vortragspause, weil Omas Schmidt-Zacke und Max und Moritz anderweitig beschäftigt sind. Deren *Galleyslave Programme* brummt zur Zeit, so dass Oma Ponzenby, selbstverständlich nach eingehender Reflexion, vorgeschlagen hat, vier Kurse hintereinander durchzuführen. Mir kommt die Pause auch sehr entgegen; endlich kann ich mich in Ruhe meinen mehr privaten Beschäftigungen zuwenden bzw. bestehende berufliche Kontakte pflegen>>, berichtete Annabell Plauzenby zufrieden.

<<Dann viel Spaß Annabell>>, frotzelte Oma Naughtyby. <<Adelgard Mickeyby ist seit einigen Tagen auf Forschungsreise. Sie besucht unsere Freunde im Wendland und in Stuttgart sowie an anderen Orten des Protestes, um sich vor Ort einen genaueren Einblick zu verschaffen, und natürlich auch um den Leuten auf den leisen Sohlen zu demonstrieren, wie aktiv sie ist. Außerdem will sie ihr Forschungsprojekt und damit ihr zweites Bordellbuch vorantreiben. An einer Bundesstraße in Norddeutschland sollen alle paar hundert Meter die Damen in ihren Reisemobilen auf Kunden warten und ihre Dienste anbieten. Unsere Annabell hier hat an einem Wochentag etwa siebzehn gezählt. Am Sonntag war hingegen fast tote Hose. Dr. Mickeyby will dort während der Woche Interviews durchführen und dann noch ihre Forschungen auf die Flatrate-Bordelle ausdehnen. Außerdem hat sie noch von unserem Geheimdienst einen Sonderauftrag, über den ich hier aber nicht sprechen darf. In dringenden Fällen kann ich sie kontaktieren. Ansonsten steht sie hier wieder in gut drei Wochen zur Verfügung.>>

<<Danke für den ausführlichen Bericht Edelgard>>, sagte Gerda Zumpelby. <<Bitte sei so lieb und erzähl Oma Grimmelby nichts von Adelgards privater Forschungsreise. Ich musste

Sieglinde nämlich versprechen, dass ich euch von, wie sie es ausdrückte, liederlichen Häusern und ähnlichen Dingen, fernhalte. Damit ihr euch nicht langweilt, haben wir für die nächsten Wochen ein abwechslungsreiches Ausflugsprogramm zusammengestellt. Keine Angst Annabell, die Teilnahme daran ist frei. Wenn du etwas Wichtigeres zu tun hast, sollte das OK sein. Für Verpflegung und Getränke während der Ausflüge ist gesorgt.>>

<<Gibt es da auch ...?>>

<<Ja Annabell, kleine Gedecke sind kein Problem>>, lachte Oma Zumpelby. <<Und ich weiß nicht, ob euch das interessiert. Ihr braucht nicht mehr die schwarzen blickdichten Strumpfhosen zu tragen. Die deutsche Kniggegesellschaft hat gerade eine Lockerung der Kleiderordnung beschlossen. Frauen dürfen ab sofort selbst bei der Arbeit wieder nackte Beine zeigen; die Beine müssen aber bestens gepflegt sein>>, erklärte die deutsche Chef-Oma mit einem Augenzwinkern.

<<Tolle Sache, aber unsere Chef-Oma würde das nicht leiden. Wir haben stets in der vollen ordnungsgemäßen Vereinsuniform zu erscheinen. Erst kürzlich gab es ziemlichen Ärger, als Oma Stänkerby eine graue Strumpfhose trug>>, bedauerte Oma Purzelby.

<<Tja, die nackten Beine bei der Arbeit und was in einigen Berufen bei der Arbeit sonst noch gezeigt wird>>, sinnierte Oma Plauzenby.

Etwa zur gleichen Zeit brüllte Chief Inspector Plank im Polizeirevier von Strettonby <<Smart, sofort zu mir! *On the double!* >>

<<Was ist passiert Sir? Ich hoffe nichts Schreckliches.>>

<<Wo bleibt der Bericht über den Stand der Ermittlungen in der Aktenfundangelegenheit?>>

<<Ich fürchte, es gibt nichts Neues.>>

<<Das darf nicht wahr sein. Du hast wohl immer noch nicht kapiert, worauf es ankommt, Smart. Ich erklär noch mal die Lage, und das ganz langsam, damit du endlich begreifst>>, maulte Plank und zeigte auf eine große Wandtafel, auf der verschiedene Fotos, Namen, Pfeile in verschiedenen Farben, Anmerkungen und Hinweise zu sehen waren.

<<Tolles Bild Sir. Da erkennt sofort ihre künstlerische Ader.>>

<<Du willst mich doch nicht etwa verarschen?>>

<<Aber Sir, käme ich jemals auf so eine Idee? Hab gleich erkannt, dass Sie eine Übersicht über den Ermittlungsstand sowie Ihre Überlegungen und einige wichtige Verdachtsmomente erstellt haben. Die Strettonby Grannies und deren Gäste erscheinen ja an prominenter Stelle.>>

<<Endlich Smart, die Oma-Bande ist, und das versuche ich dir seit Monaten zu erklären, höchst verdächtig. Die Bande muss rund um die Uhr überwacht werden.>>

<<Wie sie befehlen Sir>>, vermeldete Smart und verließ Planks Zimmer, wobei er nicht wusste, ob er lachen oder weinen sollte. <Auf jeden Fall mach ich erst mal einen Vermerk über das Gespräch, damit mir später niemand an den Wagen fahren kann, wenn bei dem Personalmangel hier der Betrieb total zusammenbricht, denn wir haben ohne diesen blödsinnigen Überwachungskram schon zu wenig Leute. Vielleicht sollte ich mich auf eine Insel versetzen lassen; auf *Holy Island* ist es bestimmt ruhiger und wesentlich entspannter.>

Die deutschen Omas betraten in hervorragender Laune das Strettonby *Spa*, um in die dortige Sauna zu gehen. Im Gemeinschaftsumkleideraum scherzten, lachten und frotzelten sie herum. Nach dem Duschen begaben sie sich zielstrebig zur Sauna und öffneten schwungvoll die Tür, als ein Aufschrei von einigen weiblichen Saunabenutzern erfolgte, während die männlichen Saunabenutzer interessiert die deutschen Ankömmlinge musterten.

<<Mit so einem Hallo bin ich noch nie in der Sauna begrüßt worden>>, wunderte sich Oma Sturmhose. <<Einen wunderschönen guten Tag meine Damen und Herren. Ich hoffe, Sie haben noch ein wenig Platz für uns.>>

<<Oma Sturmhose, ich glaub wir sind in der falschen Abteilung gelandet. Die haben alle Badezeug an und sitzen ohne Handtuch auf dem Holz>>, vermeldete Oma Schnakenbeck.

<<Das ist unhygienisch, denn der ganze Schweiß kommt aufs Holz>>, bemängelte Oma Stuckenborstel, als plötzlich die Bademeisterin aufgeregt herbeigeeilt kam.

<<Meine Damen, ich fürchte, wir haben ein Problem. Sie dürfen nicht einfach ohne Bekleidung in die Sauna gehen. Wie Sie sehen, tragen alle Saunanutzer ordnungsgemäß Badezeug. Alles andere können wir leider nicht gutheißen. Wir sind doch eine ordentliche Einrichtung, in der es sittsam zugeht; und kein *House of ill repute*.>>

<<Sorry, bei uns in Deutschland geht's immer nackt in die Sauna>>, entschuldigte sich Oma Lützelmeier. <<Aber sagen Sie mir bitte, was ist eigentlich ein *House of ill repute*?>>

<<Man könnte auch *House of Profession* sagen, Madam, wenn Sie verstehen, was ich meine>>, wand sich die Bademeisterin.

<<Nee, den Ausdruck kenn ich leider auch nicht, hat man uns im Volkshochschulkurs für Fortgeschrittene nicht beigebracht.>>

<<Also Dietlinde, die Dame will uns mit den Euphemismen zu verstehen gaben, dies hier sei doch kein Puff>>, erklärte Oma Sturmhose. <<Und damit du die Dame nicht durch etwaige weitere Fragen in Verlegenheit bringst, merk dir bitte: *Naughty house, bawdyhouse, sporting-house, knocking shop, hot-pillow hotel* sind weitere gebräuliche Umschreibungen für Bordelle. Alles klar?>>

<<Das muss einem doch gesagt werden, Adelheid. Aber noch eine letzte Frage: Was ist der Unterschied zwischen einer *Sauna* und einem *Sauna Parlour*?>>

<<Dietlinde, denk mal anhand des gerade Gelernten scharf nach!>>, ächzte Adelheid Sturmhose.

<<Auch wenn man in Deutschland nackt in die Sauna geht, sind das doch keine Bordelle oder unsittlichen Einrichtungen. Das muss unbedingt mal gesagt werden>>, erklärte Oma Schnuckwiese konsterniert.

<<Übrigens, sittsames Benehmen u.ä.>>, bemerkte Oma Sturmhose lachend, während sich die deutschen Omas im Gemeinschaftsumkleideraum die Badeanzüge anzogen. <<Stellt euch vor: Bei den Nachbarn von Oma Trudy Nozeyby, meiner netten Gastgeberin, geht oft nachts draußen in deren Garten der Bär ab. Ich hab ja nichts dagegen, wenn die sich vergnügen. Spaß muss sein, aber der Krach, wenn die mit mehreren Paaren in ihrem großen *Hot Tub* zugange sind.>>

<<Echt? Adelheid, oder erzählst du uns mal wieder einen vom Pferd?>>, rief Amalie Stuckenborstel.

<<Stimmt garantiert. Frag Trudy! Die nennt ihre Nachbarn nur amüsiert *The Swingers of the North East*. Bei uns in Deutschland führte das Treiben wahrscheinlich „wegen überlauter Sexgeräusche" zu einem kräftigen Nachbarschafts- oder Kündigungsstreit vor Gericht.>>

<<Stört Trudy der Krach in der Nacht nicht?>>

<<Nee, überhaupt nicht. Die schläft dann einfach am nächsten Tag bis mittags. Wie ihr wohl schon gehört habt, ist Trudy außergewöhnlich neugierig und beobachtet daher sehr interessiert das Geschehen im Nachbargarten. Aber mich nervt der Krach, der mir die Nachtruhe raubt. Warum können die Leute nicht einfach ins Haus gehen und die Fenster schließen.>>

<<Oma Plauzenby, die leider nicht hier ist, hätte dir in einem solchen Falle sicherlich geraten: *If you can't beat them join them!* Wär das nichts für dich, Adelheid?>>

<<Hab ich mir auch schon überlegt und mir daraufhin die Swingers mit dem Fernglas angesehen. Aber da kam keine Freude auf, und die Lust ist mir auch vergangen.>>

<<Kann doch nicht jeder wie Tarzan aussehen, Adelheid.>>

<<Korrekt, aber der macht wenigstens nur Krach, wenn er an Liancn durch den Urwald schwingt; und im Fernsehen kann man ihn außerdem einfach abschalten.>>

Nach ausgiebigem Saunen begaben sich die Omas in die *Cafeteria.*

<<Die haben hier ne Espressomaschine; dann gibt's wahrscheinlich einen ordentlichen Kaffee>>, freute sich Oma Stuckenborstel. <<Bei meiner Gastgeberin Oma Thornaby krieg ich immer nur diesen fürchterlichen Pulverkaffee mit Milch>>.

<<Also Leute, da ich gerade am Dozieren bin>>, sagte Oma Sturmhose. <<Seit hier die *Coffee Shops* wie Pilze aus dem Boden geschossen sind, gibt es ordentlichen Kaffee. Wie Amalie uns gerade gezeigt hat, stellt man fest, ob die Einrichtung eine in Betrieb befindliche Kaffeemaschine besitzt. Nur dann ordere man Kaffee, sonst besser Tee. Letzterer ist meistens hervorragend. Dies gilt auch für Besuche in Privathäusern. Falls die Gastgeberin sagt: ‚*I'll put the kettle on*', ist in Bezug auf Kaffee absolute Vorsicht geboten (Pulverkaffeegefahr!), und ich nehme lieber eine *nice Cup of Tea.* Da kann man nichts verkehrt machen. Meinen englischen Freunden rate ich für Deutschlandbesuche hingegen, Tee, wenn er nicht in Ostfriesland angeboten wird, in der Regel zu meiden. Für die Engländer ist das in Deutschland unter dem Namen Tee servierte Glas warme Wasser mit einem Miniaturteebeutel ebenso abschreckend wie Pulverkaffee für uns.>>

<<Vom Essen hier bin ich angenehm überrascht>>, bemerkte Oma Schnakenbeck. <<In Deutschland meinten die Leute, das Essen in England sei fürchterlich.>>

<<Dann haben die keine Ahnung oder sind in den siebziger bzw. achtziger Jahren in Großbritannien gewesen. Zu der Zeit hab ich selbst manche betrübliche Erfahrung mit dem Essen gemacht. Inzwischen hat sich das grundlegend verändert>>, ereiferte sich Oma Sturmhose. <<Obwohl es, wie auch in Deutschland, etliche Leute gibt, die nur eine Pizza in den Ofen schieben oder Fertiggerichte in der Mikrowelle heiß machen können, kochen viele mit Begeisterung und probieren neue Rezepte aus, sowohl englische als auch internationale. Es gibt eine Vielzahl von internationalen Restaurants, von denen z. B. die indischen heute wie selbstverständlich zum Mainstream gehören. Im Vergleich zu Deutschland sind etliche Menschen hier beim Kochen im Allgemeinen und beim Ausprobieren neuer Gerichte wesentlich unternehmungslustiger und experimentierfreudiger.>>

<<Oma Pingelby, meine Gastgeberin, ist zwar ein bisschen geizig, aber kochen kann sie hervorragend. Es geht nichts über ihr *Roast Beef & Yorkshire Puddding*>>, ergänzte Oma Schnuckwiese. <<In das *Full English Breakfast* könnte ich mich reinsetzen.>>

<<Ich habe gerade der Unterhaltung der beiden Damen am Nebentisch gelauscht>>, gestand Oma Lützelmeier. <<Die unterhalten sich über ziemlich langweilige Sachen, wie die Tätigkeit und beruflichen Erfolge ihrer Ehemänner, deren Autos und Errungenschaften, sowie Verabredungen zum Mittagessen, Friseur- und Kosmetiktermine, Wochenenden in Wellnesshotels u.ä..>>

<<Emma Pingelby nennt diese Damen *Ladies who lunch*, weil sie eigentlich den ganzen Tag nichts zu tun haben und daher die Verabredungen zum *Lunch* für wichtige Höhepunkte ihres ‚aufregenden' Lebens halten>>, erklärte Oma Schnuckwiese.

<<Gehören die beiden da hinten mit den Kleinkindern auch zu dieser Gattung, Frederike? Die scheinen gerade Visitenkarten auszutauschen.>>

<<Ich denke, das sind junge relativ gut betuchte Mütter, die den „urbanen Lifestyle" pflegen und denen das Netzwerken wichtig ist. Sieht so aus als tauschen die gerade ihre *Mami Cards* aus>>, erläuterte Oma Schnuckwiese.

<<Was ist denn das?>>, wollte Oma Sturmhose wissen.

<<Die Karten kommen wohl aus den USA und sind augenblicklich der Renner in England. Selbst in Deutschland soll es die *Mami Cards* geben. Die Art Visitenkarten enthalten den Namen der Eltern und Details der kleinen Racker, wie z. B. deren Name, Geburtsdatum oder Alter, Lieblingsessen, Vorlieben, Hobbys etc.. Die Mütter tauschen die Karten auf dem Spielplatz, beim Kindergeburtstag oder, wie hier, in der Cafeteria aus.>>

<<Manche Leute haben aber auch wirklich Probleme>>, staunte Adelheid Sturmhose. <<Was meint ihr? Mein Sohn Heini wird dieses Jahr zwar schon 45; aber vielleicht sollte ich mir auch mal solche *Mami Cards* bestellen.>>

<<Sir, der Kulturdezernent der Stadt Smithe-Ditchburn hat vor einer Stunde angerufen und Strafanzeige wegen Kunstdiebstahls erstattet>>, berichtete Inspector Smart. <<Das Kunstwerk von William Fossgrove ist aus dem kleinen Park vor dem Rathaus verschwunden. Die Kulturszene in Strettonby tobt und fragt, wie so etwas in unserer über die Grenzen der Grafschaft Lingby hinaus bekannten Kulturmetropole überhaupt passieren kann. Der Vorsitzende des Kulturausschusses und seine Stellvertreterin drängen auf umgehende Aufklärung, immerhin handele es sich um eine Skulptur im Werte von geschätzten £ 50,000, an der sich die Bürger von Strettonby seit Jahren erfreut hätten.>>

<<Kunstklau. Sehr interessant. Ich wusste es, irgendwann macht die Oma-Bande einen Fehler. Nun krieg ich sie endlich am Arsch>>, freute sich Chief Inspector Plank. <<Los Smart, hol den Wagen, und dann mit Blaulicht und Martinshorn zu Oma Grimmelby!>>

<<Sir, ist das nicht etwas überstürzt? Wir haben doch keine Anhaltspunkte für eine Verwicklung der Damen in diese Angelegenheit.>>

<<Hast du es immer noch nicht kapiert, bei denen besteht Generalverdacht. Und damit basta.>>

<<Sir, ich glaube ich habe mir den Magen verdorben. Verzeihen Sie, aber mir wird schlecht. Sie fahren besser allein, sonst übergebe ich mich vielleicht während der Fahrt bzw. im Haus von Oma Grimmelby. Und das sollte unbedingt vermieden werden.>>

Plank fuhr daraufhin ohne Smart aber mit fünf seiner Beamten im Gefolge zu Sieglinde Grimmelby und forderte diese unter Androhung von Zwang auf, ihm zum Revier zu folgen. Als die Chef-Oma dort nochmals ihre Unschuld beteuerte, sowie jegliche Angaben zur Sache verweigerte und die umgehende Verständigung der sich in Deutschland befindlichen Dr. Mickeyby verlangte, meinte Plank süffisant <<Dann müssen Sie leider über Nacht mit einer unserer bequemen Zellen vorliebnehmen, denn das kann dauern.>>

Beim Dienstantritt am nächsten Morgen, war Inspector Smart entsetzt, Sieglinde Grimmelby in einer der Zellen vorzufinden. <<Tut mir aufrichtig leid, gnädige Frau. Da muss etwas schiefgelaufen sein. Bitte haben Sie etwas Geduld.>>

Smarts anschließende Bemühungen, Plank von der Notwendigkeit der Freilassung Oma Grimmelbys zu überzeugen, schlugen jedoch fehl.

Gegen Mittag besserte sich die Laune des bis zu diesem Zeitpunkt sehr frustrierten Inspectors, und er machte sich umgehend auf den Weg zu Plank.

<<Sir, es gibt neue Entwicklungen in der Skulpturensache>>, vermeldete er zufrieden.

<<Ausgezeichnet Smart, ich muss dich loben. Dann reicht es für eine Anklage gegen Oma Grimmelby und ihre Helfershelfer>>, rieb Plank sich die Hände. <<Hatte ich wohl doch recht mit meiner Vermutung, dass die Skulptur nach Deutschland verschifft und dort von Oma Aidby, die den Wert solcher Kunstwerke kennt, verscherbelt worden ist.>>

<<Das mit der Verschiffung stimmt, Sir. Aber das Kunstwerk ging in die Niederlande.>>

<<Wusste ich's, dass die alte Aidby international agiert. Und wo genau die geklaute Skulptur verkloppt wurde, ist letztlich egal. Hauptsache, wir können den Omas die Sache nachwiesen. Ich sehe sie schon hinter Gittern. Welche Freunde.>>

<<Es könnte da ein kleines Problem geben, Sir.>>

<<Macht nichts Smart, auf ein oder zwei Jahre kommt es mir nicht an.>>

<<Nun ja>>, erklärte Smart mit unbeweglicher Miene <<Das Kunstwerk ist lokalisiert worden.>>

<<Und wo liegt das Problem?>>

<<Nun, der Bürgermeister, der gerade anrief, sagte, es hätte ein kleines Kommunikationsproblem gegeben. Die Skulptur wurde nämlich von der Stadt vor etwa sechs Monaten für ein Jahr an eine Kunstsammlung in Nordholland ausgeliehen, und zwar während des Urlaubs des Kulturdezernenten. Man hat dann vergessen Smithe-Ditchburn zu unterrichten>>, teilte Smart seinem Chef mit einem belustigten Unterton mit. <<Ich denke, es wäre angesichts dessen besser, Sieglinde Grimmelby umgehend freizulassen.>>

<<Völlig unfähig, diese Leute von der Stadt. Die sollten sich mal ein Beispiel an uns nehmen. Hier auf dem Revier gebe ich die

Befehle; dann wissen alle Bescheid und führen die Anordnungen aus.>>

<In der Wahrnehmung ihrer Umwelt gibt es eben doch einige Unterschiede bei den Menschen>, dachte Inspector Smart und überlegte <eigentlich verwunderlich, dass das Verschwinden der Skulptur aus dem Park monatelang von niemandem bemerkt wurde und es lange Zeit selbst weder den amtlichen Förderern der Kunst noch den Freizeitkunstverständigen Strettonbys aufgefallen ist.>

Als Oma Grimmelby mit einem nie zuvor gekannten vernichtenden Blick auf Plank die Polizeistation verließ, war Inspector Smart erleichtert: <Gut, dass ich nicht in den Schuhen von Fartarse stecke. Das zieht bestimmt eine schiefe Naht, und dann kommt Fartarse nicht einfach mit einem Einlauf durch den Chief Constable davon.>

16 Knapp zwei Stunden nach einem langen internationalen Telefongespräch, in dem Chef-Oma Grimmelby der Rechtsberaterin des Vereins, Dr. Adelgard Mickeyby, in allen Einzelheiten von den Vorgängen in Strettonby, insbesondere der ungesetzlichen Aktion Planks, berichtet hatte, waren die englischen Austausch-Omas zu einer geheimen Sitzung zusammengekommen, um die Lage und eventuelle Maßnahmen in dieser Angelegenheit zu beraten. Schon nach kurzer Erörterung herrschte Einigkeit, dass man eine solche Provokation durch Plank nicht ungestraft durchgehen lassen könne; und es wurden verschiedene Maßnahmen beschlossen.

<<Benutzt eure englischen Handys für die vertraulichen Gespräche und seid vorsichtig, was ihr sagt>>, riet Dr. Mickeyby. <<Erst kürzlich sah sich der Präsident des Bundesgerichtshofes veranlasst, kritisch auf die zunehmende Telefonüberwachung in Deutschland hinzuweisen.>>

Dann führten einige der Teilnehmerinnen Telefongespräche mit verschiedenen Personen in Großbritannien.

<<Die Maßnahmen der Aktion *Jolly Observer'* laufen, wie beschlossen, an>>, berichtete Oma Naughtyby nach kurzer Rücksprache.

<<Ich möchte bei gewissen Maßnahmen persönlich dabei sein>>, erklärte Dr. Mickeyby. <<Obwohl ich meinen Posten hier ungern verlasse, fliege ich morgen nach Großbritannien.>>

Am nächsten Tag enthielt der *Strettonby Daily* auf der ersten Seite einen Bericht über den vermeintlichen Kunstdiebstahl und Chief Inspector Planks unrühmliche Rolle in dieser Angelegenheit. Unter der Schlagzeile „Aufstand und Wild West in Strettonby" berichtete die Zeitung: „Aufgrund des Verschwindens der von William Fossgrove geschaffenen wertvollen Skulptur kam es gestern zu empörten Reaktionen der Kulturambitionierten von Strettonby und dem Verlangen nach umgehender Aufklärung des ‚Kunstdiebstahls'. Der erst vor kurzem durch den Fund einer vertraulichen Akte über ihn ins Gerede gekommene Chief Inspector Plank B.A. vom hiesigen Revier (wir berichteten ausführlich) reagierte prompt mit einer Verhaftung. In einer *Posse* nach Western Art suchten er und fünf weitere Beamte das Haus der Vorsitzenden der Strettonby Grannies United auf und verhafteten diese wegen Kunstdiebstahls. Obwohl Mrs. Grimmelby wiederholt ihre Unschuld beteuerte und rechtlichen Beistand verlangte, musste die an Rheuma leidende ältere Dame die Nacht auf der harten Pritsche in einer Zelle verbringen. Erst am Mittag des nächsten Tages ließ Plank sie notgedrungen wieder frei, denn er musste auch gegenüber unserem Reporter zugeben, dass hinsichtlich der Skulptur keinerlei strafbare Handlung vorlag. Das Kunstwerk war nämlich von der Stadt vor etwa sechs Monaten ohne Unterrichtung des Kulturdezernenten Smithe-Ditchburn an eine Kunstsammlung ausgeliehen und ihr Verschwinden aus dem Park bis gestern nicht von der Strettonbyer Kunstszene bemerkt worden. Einige Leute haben da offensichtlich *Egg all over their faces*, allen voran der eifrige Chief Inspector Plank B.A..“

Außerdem prangte auf der ersten Seite ein mit „Chief Inspector fahndet jetzt auch auf der Toilette“ überschriebener Artikel, in dem es hieß: „Nach unserer Zeitung vorliegenden Informationen aus einer zuverlässigen Quelle hat der für seine außergewöhnlichen Maßnahmen bekannte Chief Inspector Plank B.A. kürzlich Kameras und Mikrofone in den Personalumkleideräumen sowie vor den Personaltoiletten der hiesigen Polizeidienststelle anbringen lassen. Selbst nach Gewerkschaftsprotesten soll sich der Chief Inspector geweigert haben, die Kameras und Mikrofone entfernen zu lassen, und zwar mit der Begründung: Eine umfassende Überwachung sei in machen englischen Städten und besonders in *Shopping Centres* durchaus verbreitet und zur Verbrechensbekämpfung unbedingt erforderlich. Die Intimsphäre seiner Beamten sei in keiner Weise beeinträchtigt oder gar verletzt. Da wird sich mancher Bürger fragen, ob das die anderen Beamten auf dem Revier auch so sehen. Und, nimmt nicht die Überwachung im Allgemeinen langsam Überhand? Sagen Sie uns Ihre Meinung, und rufen Sie uns an, oder texten Sie uns!"

Während Chef-Oma Grimmelby zufrieden die Zeitung weglegte, tobte Chief Constable Uppington nach beendeter Lektüre und griff zum Telefon. <<Verbinden Sie mich mit diesem Armleuchter Plank, aber dalli!>>, brüllte er.

Als der Chief Inspector sich meldete, vernahm er zunächst eine Tirade von äußerst drastischen Ausdrücken, die seine Person nicht gerade vorteilhaft beschrieben. Obwohl nicht unerfahren in diesen Dingen, wurde Plank blass. Er stammelte nur <<Jawoll Sir. Zu Befehl Sir>> und ließ den Wutanfall Uppingtons zerknirscht über sich ergehen.

<<Du hast hoffentlich gemerkt Plank, dass dies nicht der dir inzwischen wohl hinreichend bekannte verdiente Anschiss ist, sondern eine Generalreinigung>>, stellte Uppington klar, als er sich nach einer Viertelstunde wieder einigermaßen beruhigt hatte. <<Ich dachte immer du seist mein bestes Pferd im Stall; aber ich muss mich wohl getäuscht haben. Reiß dich am Riemen! Ich kann auch anders, wenn es ein muss.>>

<<Selbstverständlich Sir>>, knallte Plank die Hacken zusammen und legte erschöpft den Hörer auf. Dann wählte er Smarts Apparat.

<<Mr. Smart, wären Sie bitte so freundlich, einmal in mein Büro zu kommen>>, fragte er den überraschten Inspector.

<<Was gibt's Sir?>>

<<Hab's mir überlegt; ich muss hier mal raus. Ich fahre nun doch morgen früh zum Geburtstag meiner Nichte nach Edinburgh und nehme abends den *Caledonian Sleeper* von Edinburgh nach London, damit ich dann rechtzeitig bei der mehrtägigen

Fortbildungsveranstaltung bin. Und Smart, lassen Sie doch bitte die Kameras und die Mikrofone abbauen.>>

<<Gute Idee mit dem Geburtstagsbesuch und der Fortbildung in London, Sir. Bringt Sie auf andere Gedanken>>, meinte Smart, der sich aber nicht verkneifen konnte hinzuzusetzen <<Die Automaten für die Toilettenbenutzung lasse ich dann auch gleich mit entfernen. Ich denke das ist besser so, bevor es da auch noch irgendwelchen Ärger gibt. Und so ein *Money-spinner* sind sie eh nicht.>>

<<Wenn Sie meinen Smart>>.

<<Und Sir, da wir gerade bei der Fortbildung sind. Wäre nicht vielleicht ein Durchblickerkurs oder ‚Autogenes Training' im Institut von Olga Ponzenby und Brunhilde Schmidt-Zacke etwas für Sie?>>

<<Weiss gar nicht was ich dort soll. Hab doch alles voll im Blick. Und ruhig, ganz ruhig, bin ich auch.>>

17   Nach der gelungenen Geburtstagsfeier seiner Nichte in Edinburgh, bei der Plank zusammen mit einigen anderen Gästen diverse *Single Malts* probiert und mehrere *Pints McEwans* getrunken hatte, nahm er ein Taxi zur Waverley Station, wo er mit Hilfe des Schlafwagenschaffners in den bereitstehenden *Caledonian Sleeper* kletterte. Bevor er sich jedoch in das Zweierabteil begeben konnte, in dem er das untere Bett gebucht hatte, verspürte er erneut Durst. <Die Nacht ist noch lang>, dachte Plank <und gegen ein vertrauliches Gespräch mit *McEwans* im Speisewagen ist nichts einzuwenden.> Gedacht getan.

Knappe zwei Stunden später betrat Plank schwankend das Schlafwagenabteil, erleichtert, dass die Person im oberen Bett, dem lauten Schnarchen nach zu urteilen, bereits fest schlief. Nur unter großen Schwierigkeiten gelang es Plank, sein weißes langes Nachthemd anzulegen, dann fiel er ins Bett und schlief sofort ein. Als er in den frühen Morgenstunden plötzlich aufwachte und aufstand, um die Toilette aufzusuchen, erschrak er. Aus dem oberen Bett blickte ihm ein bekanntes Gesicht entgegen, und eine Stimme sagte <<Einen schönen guten Morgen, Herr Chief Inspector. Wohl noch etwas unsicher auf den Beinen. Kann ich ihnen helfen?>>

<<Hilfe die alte Mickeyby. Lass mich bloß in Ruhe! Fass mich nicht an! Hilfe!>>

<<Aber, aber, Herr Chief Inspector, ich vergreife mich doch nicht an Ihnen, denn das wäre ein absoluter Fehlgriff.>>

Voller Panik zog Plank die Notbremse und verlor das Gleichgewicht, als der Zug abrupt zum Stillstand kam. Dann konnte er sich an nichts mehr erinnern.

Gegen Mittag des nächsten Tages fand er sich nackt in einem Doppelbett in einem Raum mit diversen Spiegeln und roten

Tapeten wieder. <Keine Spur von der alten Mickeyby>, dachte Plank erleichtert. <Dann habe ich das wohl nur geträumt.>

<<Na Schnuckelchen, das war ne heiße Nacht was>>, sagte eine Stimme, die der spärlich bekleideten Dame neben ihm gehörte. <<Du warst nicht zu bremsen. Das ging ab wie die Post.>>

<<Wo bin ich? Eben war ich noch im *Caledonian Sleeper.*>>

<<Einen Laden, der *Caledonian Sleeper* heißt, kenn ich nicht. Du bist hier im Etablissement von Madame Fiffi in Soho, Schätzchen, und warst bis eben ganz vergnügt. Bist schon ein heißer und fotogener Typ. Schon mal an richtig professionelle Fotos gedacht?>>

<<Professionelle Fotos? Und was meinst du mit fotogener Typ?>>, wunderte sich Plank.

<<Nicht so wichtig, Darling. Wenn du los willst, da drüben liegen deine Klamotten. Heute Nacht hast du sie dir begeistert runtergerissen, kaum dass du mich sahst.>>

Wenig später trat ein etwas verwirrter Plank, sich vorsichtig umsehend, aus dem Haus und murmelte <<Totale Erinnerungslücke. Dieser verfluchte *McEwans*. Möglichst schnell hier weg und zu meiner Fortbildungsveranstaltung. Mit etwas Glück bemerken die meine Verspätung nicht. Aber was sollte das Gerede von den Fotos? Das ist verdächtig; man hat doch nicht etwa im Puff Fotos von mir gemacht?! Wenn die Geschichte mit dem Puff rauskommen sollte, sieht's echt finster aus. Uppington flippt total bei allen von ihm als ‚unsittlich‘ angesehenen Sachen, und das obwohl dem vor Geilheit das Messer in der Hose aufgeht.>>

Etwa zur gleichen Zeit erhielt Dr. Adelgard Mickeyby einen Anruf aus Madame Fiffis Etablissement. <<Aktion *„Jolly Oberserver‘ Take Three* erfolgreich abgeschlossen.>>

<<Gut gemacht. Schicke die Fotos bitte an die dir bekannte Adresse. Ich glaube wir brauchen sie eigentlich nicht, denn selbst

Fartarse wird inzwischen gemerkt haben, dass es solche Fotos geben könnte und sich entsprechend vorsichtig verhalten. Aber für den Fall aller Fälle kommt gutes Beweismaterial nicht ungelegen.>>

18   <<Seit wann bist du zurück, Adelgard?>>, wollte Oma Naughtyby von Oma Mickeyby wissen, die neben ihr an der Theke des Niederstedter Dorfkrugs Platz genommen und, wie sie, ein kleines Gedeck bestellt hatte.

<<Ich konnte leider erst gestern einen günstigen Flug bekommen.>>

<<Ich denke, Ryanair fliegt fast täglich.>>

<<Kann schon sein, aber ohne mich, Edelgard. Ich mag's gerne problemlos. Medienberichte über einen Sitzstreik von Passagieren wegen der Umleitung ihres Fluges in ein anderes Land oder den Rauswurf von über hundert Passagieren aus dem Flugzeug nach einem Streit des Ryanairpersonals mit einem Passagier über die Bezahlung von Gepäck sind nicht gerade vertrauensfördernd. Da habe ich doch lieber vorsichtshalber woanders gebucht.>>

<<Hallo Karla, mach schnell die Tür zu! Bei dem Wind da draußen zieht es hier sonst an der Theke>>, rief Edelgard Naughtyby, als Oma Nothose mit Autofahrerhandschuhen aus Hirschleder sowie einer Autofahrerlederkappe mit passender Schutzbrille, wie sie in den Fünfziger Jahren des letzten Jahrhunderts üblich waren, den Dorfkrug betrat.

<<Na Karla, hast du dir einen dieser kleinen Sportwagenflitzer zugelegt?>> fragte Oma Mickeyby interessiert.

<<Darauf kann ein kleines Gedeck stehen, was Karla>>, lachte Oma Naughtyby.

<<Nee, ich nehme heute lieber einen O-Saft, bin mit dem Trecker da.>>

<<Wieso mit einem Trecker?>>

<<Nun, ich hatte das ewige Laufen einfach satt; wollte mir schon lange was zum Fahren kaufen und hab aber nur einen Führerschein der alten Klasse 5 für landwirtschaftliche Fahrzeuge. Als ich den Trecker sah, der echt günstig und in bestem

98

technischen Zustand angeboten wurde, griff ich sofort zu. Bei Treckern muss man nämlich höllisch aufpassen, denn bei Verkehrskontrollen stellt die Polizei schon mal erhebliche Mängel an landwirtschaftlichen Fahrzeugen fest. Und Ärger mit der Polizei will ich nicht.>>

<<Wie schnell darfst du denn damit fahren?>>, fragte Oma Naughtyby. <<Hast du keine Angst vor einem Geschwindigkeitsrausch, Karla?>>

<<Mit dem Traktor allein bis 32 km/h, mit Anhänger 25 km/h.>>

<<Hast du auch einen Anhänger, Karla?>>, erkundigte sich Oma Mickeyby.

<<Noch nicht. Zum Einkaufen, zur Fahrt ins Theater, ins Kino oder zur Gaststätte reicht der Trecker vollkommen. Und auch bloßes Rumfahren in der Gegend geht besser ohne Hänger. Aber das mit dem Hänger ist keine schlechte Idee. Dann könnte ich endlich beim Schiermacherwettbewerb mitmachen. Mit meinem landwirtschaftlichen Gespann wäre ich zwar etwas langsamer als die anderen Teilnehmer; aber Dabeisein ist alles. Und in der Karnevalszeit könnte das Gespann außerdem von Nutzen sein.>>

<<Ich denke, Karneval wird nur in euren südlicheren Gefilden gefeiert>>, gab Oma Mickeyby zu bedenken.

<<Nee, das greift auch in Norddeutschland um sich, z. B. in Braunschweig und sogar in dem kleinen Ort Ganderkesee. Ich komme eigentlich aus dem Rheinland, aus Köln, und versuche schon seit Jahren die Leute in Niederstedt vom Karneval zu überzeugen. Vielleicht klappt das ja, wenn ich mit einigen Begeisterten meinen eigenen Wagen gestalte. Wir könnten dann einen kleinen Karnevalsumzug durch Niederstedt machen>>, schwärmte Oma Nothose. <<Beim Karneval geht so richtig der Bär ab; da ist fast alles erlaubt. Ne tolle Zeit.>>

<<Der britische Soziologe Featherstone nennt das, wenn ich mich richtig erinnere, *controlled de-control of the emotions*, also die kontrollierte Freigabe der Emotionen>>, erläuterte Dr.

Mickeyby. <<Die *Office Christmas Partys* sind bei uns u.a. solche Gelegenheiten. Dann fließt der Alkohol in Strömen, und ne Menge *Hanky-panky,* wie die Chef-Oma wohl sagen würde, gibt's auch.>>

<<Nun, wenigstens ab und zu muss man doch zu bestimmten Zeiten mal, wie man so schön sagt, die Sau rauslassen können>>, konstatierte Oma Nothose. <<Deswegen fahre ich, wenn möglich, zur Weiberfastnacht nach Köln. Dann zeigen wir den Herren, wer das Sagen hat, und schneiden ihnen die Krawatten ab. Ich hab schon ne recht stattliche Sammlung bei mir zu Hause. Wenn ihr wollt, könnt ihr euch meine Ausstellung im Keller ansehen.>>

<<Gut, dass Oma Ponzenby nicht hier ist. Die würde das Abschneiden der Krawatten gleich als symbolisches Abschneiden der *Willys* einordnen>>, amüsierte sich Oma Naughtyby.

<<Zeit, dass wir in Niederstedt Karneval feiern, Edelgard; gibt hier ne Menge Herren, denen ich einmal die Krawatte abschneiden möchte>>, verkündete Karla Nothose.

<<Immer mit der Ruhe, als erstes sehen wir uns deine Sammlung im Keller an. So viele ‚Pseudo-*Percys'* an einem Ort sind bestimmt sehenswert>>, grinste Oma Naughtyby. <<Übrigens, recht hast du mit dem Saurauslassen, Karla. Aber ob das immer nur an bestimmten Orten zu gewissen Zeiten und bei festgelegten Veranstaltungen sein sollte, wage ich zu bezweifeln. Mir sagt man insoweit etwas mehr Spontanität nach.>>

<<Ordnung muss sein, Edelgard. Sonst geht's drunter und drüber>>, sagte Oma Nothose mit erhobenen Zeigefinger.

<<Nun, Ordnung muss sein. Daher ist in Deutschland fast alles geregelt. Die deutschen Gesetze über die Feiertage verbieten z. B. am Volkstrauertag und am Totensonntag die meisten öffentlichen Veranstaltungen, mit Ausnahme einiger weniger der Kunst, Volksbildung, Wissenschaft bzw. der Erbauung dienender>>, dozierte Dr. Mickeyby. <<Und dann gibt es noch die amtlichen Bekanntmachungen mancher politischen Gemeinden,

nach denen am Volkstrauertag ein gemeinsamer Kirchgang stattfindet, wobei sich die politischen Gemeinden offensichtlich als die Bürger, Vereine und Verbände dazu Einladenden verstehen, was mich etwas überrascht.>>

<<Na ja, das sieht ein bisschen aus wie die *Church Parade* bei unserer Armee, bei der die Leute zum Kirchgang befohlen werden>>, kommentierte Oma Naughtyby

<<Zu bestimmten Anlässen ist Kirchgang hier bei uns angesagt>>, erläuterte Oma Nothose. <<Das gehört sich, nach Ansicht vieler, so, auch wenn man sonst eigentlich nicht in der Kirche gesehen wird. Im Durchschnitt gehen hier in Norddeutschland nur etwa 1,5% der protestantischen Bevölkerung zum Gottesdienst.>>

<<Und dann jammert unser lieber Revd. John Peabody immer über den schlechten Gottesdienstbesuch in unserer Kirche>>, merkte Edelgard Naughtyby an.

<<Im Vereinigten Königreich gehen durchschnittlich 15% einmal im Monat zur Kirche, zwei Drittel davon sogar jede Woche>>, erläuterte Dr. Mickeyby.

<<Soweit der Kirchgang. Sag mal Karla, wie ist das mit dem Traktorfahren eigentlich bei schlechtem Wetter? Ist das nicht unangenehm auf deinem Trecker?>>, fragte Oma Naughtyby.

<<Kein Problem. Dann zieh ich die atmungsaktive Wathose, Ostfriesennerz und Gummistiefel an. Zur Not setz ich noch meinen alten Südwester auf. Und ab geht's.>>

<<Ich glaub, bei solchem Wetter fahr ich lieber mit Oma Mickeybys Sharan. Aber bei guten Wetter würde ich deinen Trecker gerne mal Probe fahren.>>

<<Das lässt sich machen. Nächstes Wochenende soll es schön werden. Dann können wir auf der Bundesstraße eine gemütliche Ausfahrt nach Schondorf unternehmen. Aber du musst gute Nerven mitbringen. Bei vielen meiner die freie Fahrt gewohnten Landsleuten kommt es nicht gut an, wenn ein Trecker sie in ihren

heiligen Fahrmaschinen in der Ausübung ihrer Freiheitsrechte behindert. Ich geb ja zu, mir macht das mit den Staus hinter meinem Trecker Spaß; und wenn die mich zu sehr ärgern, fahr ich aus Daffke schon mal häufiger zwischen Schondorf und Niederstedt hin und her.>>

<<Unsere Oma Nothose>>, lachte Oma Mickeyby.

<<Adelgard, wie laufen eigentlich deine Fokusgruppen?>>, erkundigte sich Karla Nothose, um das Thema zu wechseln. <<Ich sah kürzlich die Anzeigen im Niederstedter Boten und einigen anderen Zeitungen, in denen du Nutzer von Flatrate-Bordellen als Teilnehmer für wissenschaftlichen Erhebungen suchtest. Und wie weit bist du mit dem gesamten Projekt?>>

<<Kein Mangel an Meldungen. Die Vorinterviews sind abgeschlossen, und mit zwei Fokusgruppen habe ich bereits gearbeitet. Wie ihr wisst, benutze ich u.a. sog. *Cue Cards* hinsichtlich der in den Fokusgruppen zu behandelnden Themen. Die sich in der Gruppe entwickelnden Gespräche werden, selbstverständlich mit Zustimmung der Teilnehmer, aufgenommen, später transkribiert und dann von mir in einem langwierigen Prozess ausgewertet. Meine Tiefeninterviews mit den Damen in den Reisemobilen sind nahezu abgeschlossen. Ich hoffe, ich kann zwei oder drei wissenschaftliche Artikel veröffentlichen, bevor mein neues Buch über die Puffs erscheint, und zwar wieder unter dem Pseudonym Ms Portia Somerby *PhD*>>, erzählte Dr. Mickeyby. <<Und hier noch etwas für Kulturfreaks sowie die Betreiber von Sexkinos. Nach einer Entscheidung des Europäischen Gerichtshofs stellen Sexkinos mit Einzelkabinen keine kulturellen Einrichtungen dar und sind daher zu Recht nicht als steuerbegünstigt anerkannt. Es fehle, so das Gericht, das ein Kino ausmachende Gemeinschaftserlebnis. Eine steuerbegünstigte Kulturveranstaltung läge nur vor, wenn alle Besucher einen einzigen Film gemeinsam ansehen würden.>>

<<Kultur tut Not. Auf, auf ihr Leute und nichts wie los, das Pornogemeinschaftserlebnis ruft!>>, grinste Oma Naughtyby. <<Edelgard, wie sie leibt und lebt>>, amüsierte sich Oma Mickeyby. <<Ich muss nächste Woche unbedingt wieder an die Arbeit. Ferner sind noch einige Vortragstermine abzuarbeiten, und du, Oma Naughtyby, hast, außer deinen tollen Ideen, bestimmt wieder weitere Aufgaben für mich in petto.>>

<<*No rest for the wicked*>>, sagte Edelgard Naughtyby.

Am Abend fand ein Treffen der englischen Austausch-Omas im Haus von Gerda Zumpelby statt, die von einer Freundin zum Geburtstag eingeladen war.

<<Es gibt ein kleines Problem>>, berichtete Oma Naughtyby mit überraschend ernster Stimme. <<Ihr kennt sicherlich den Ausdruck „Celler Loch".>>

<<Nie gehört>>, schüttelte Oma Plauzenby den Kopf, während Oma Lümmelby gelangweilt an ihrem Joint zog.

<<Bei der auch als „Feuerzauber" bekannten Aktion aus dem Jahre 1978 wollte der niedersächsische Verfassungsschutz, wahrscheinlich mit Wissen verschiedener anderer staatlicher Stellen, einen Anschlag zur Befreiung eines in der Justizvollzugsanstalt Celle einsitzenden RAF-Mitgliedes vortäuschen und ließ u.a. ein Loch in die Außenmauer der JVA sprengen. Erst Jahre später kam heraus, dass es sich nicht um die Tat linksextremistischer Kreise gehandelt hatte, sondern um ein Manöver des Verfassungsschutzes>>, erläuterte Oma Naughtyby den staunenden Teilnehmerinnen der Besprechung. <<Besorgte Mitglieder einiger Protestbewegungen befürchten, wie Adelgard während ihrer Erkundungs- und Studienreise erfuhr, Aktionen staatlicher Sicherheitsbehörden, auch ungesetzlicher Art, die darauf abzielen, die Protestbewegungen in Misskredit zu bringen bzw. sie als gewalttätig oder linksextremistisches abzustempeln.>>

<<Zum Glück gibt es hinsichtlich der drei Agents Provocateurs in der Anti-Atomkraftbewegung derzeit (noch) keinerlei Anhaltspunkte für solche Aktionen. Da diese Leute wiederholt zu gewaltsamen Aktionen aufgerufen haben, besteht jedoch vorsorglicher Handlungsbedarf. Man hat daher einen generellen Anti-Aktionsvorsorgeplan erstellt, der derzeit den verschiedenen Bewegungen zur Detailplanung vorliegt>>, berichtete Dr. Mickeyby. <<Auch wir können unseren Teil dazu beitragen, indem wir bei unseren Kontakten mit den deutschen Geheimdienstleuten besonders achtsam sind.>>

<<Melde mich freiwillig zur Ausforschung von Egon Hase>>, verkündete Oma Plauzenby begeistert.

<<Ich kenne zu Hause ein paar kritische Journalisten, die mit Begeisterung über ungesetzliche staatliche Aktionen berichten, auch wenn sie im Ausland stattfinden>>, verkündete Oma Purzelby ihren überraschten Mit-Omas. <<Unabhängig davon sollten wir bereits jetzt mit einigen Leuten vom *Guardian* Kontakt aufnehmen. Wenn es hier Stunk geben sollte, ist es besser, eine große ausländische Zeitung als Beobachter und Berichterstatter zur Seite haben>>.

<<*Spot on*, Oma Purzelby>>, lobte Edelgard Naughtyby.

<<Das freut mich, Edelgard>>, erwiderte Oma Purzelby. <<War schon auf dem Sprung, dir in den Hintern zutreten, denn ich dachte, du wolltest wieder Witze über meine Verdauungsbeschwerden machen. Du weißt, ich hasse das.>>

<<*Point taken*>>, murmelte Oma Naughtyby.

19 Die deutschen Austausch-Omas und einige ihrer Gastgeberinnen ließen es sich gut gehen. In dem auch bei den Strettonby Grannies angesagten Coffee Shop im Zentrum der Stadt genossen sie ihre unterschiedlichen Kaffeegetränke, planten Unternehmungen bzw. blätterten in den Zeitungen und Illustrierten. Es war ein ganz besonderer Tag, denn Oma Pingelby hatte für alle Omas die Getränke vom Tresen geholt und dabei betont, heute zahle sie, und zwar aus ihrem Privatvermögen.

<<Mensch Emma, es geschehen offensichtlich noch Zeichen und Wunder>>, freute sich Oma Knasterby. <<Oder hast du etwa im Lotto gewonnen.>>

<<Ich wollte doch einen Kaffee-Latte und keinen Cappuccino>>, meckerte hingegen Oma Stänkerby.

<<Oma Frisby, du als ehemalige Lehrerin kennst dich doch aus. Ich lese gerade wieder von der allgegenwärtigen Gefahr durch Pädophile. Bestimmten Medien nach zu urteilen ist das hier in Großbritannien ein großes Problem, oder verstehe ich das falsch>>, wollte Oma Schnuckwiese wissen.

<<Wie in anderen Ländern, gibt es auch bei uns Kriminelle, die sich an Kindern vergehen. Solche Untaten müssen selbstverständlich geahndet und möglichst verhindert werden. Manche Medien haben jedoch das Problem außerhalb jeglicher Proportion aufgebauscht und tun es noch, was in weiten Bevölkerungskreisen zu einer Art Hysterie geführt hat. Manche Menschen sehen praktisch hinter jedem Busch und Baum sowie jeder Hausecke einen Pädophilen, der ihren Kindern, besonders auf dem Schulweg, auflauert. Die Folge: Auch größere Kinder werden von ihren Müttern, selbst bei sehr kurzen Wegen, zur Schule gebracht. Oft geschieht das mit dem Auto, was dann leicht zu einem Verkehrschaos vor den Schulen führt. Ein weiteres Problem der Hysterie: Viele Menschen wagen es aus der Angst

heraus als Pädophile angesehen zu werden, nicht mehr, wie es früher selbstverständlich war, Kindern in allgemeinen Situationen helfend zur Seite zu stehen. Solchen Medien gehört eigentlich das Handwerk gelegt.>>

<<Erschreckend, was eine ständig geschürte Hysterie bewirken kann, Frieda>>, meinte Oma Schnuckwiese.

<<Wenn die Sache nicht so ernst wäre, sollte man bei den betreffenden Medien einmal anfragen, was ihrer Meinung nach die sog. Schulwegpädophilen während der Schulferien machen>>, ereiferte sich Oma Sturmhose.

<<Mir macht noch ein anderes Problem zu schaffen, das man nicht unbedingt nur den Medien zuschreiben kann, nämlich die Intoleranz gegenüber Kindern bei einer Vielzahl meiner Landsleute>>, klagte Oma Thornaby. Während z. B. in Spanien Kinder in der Öffentlichkeit sehr willkommen sind, scheint bei uns der viktorianische Erziehungsgrundsatz ‚*Children should be seen and not heard'* noch sehr verbreitet zu sein. So beklagte eine UN-Kommission im Jahre 2008 ein in Großbritannien zu beobachtendes Klima von besorgniserregenden ungerechtfertigten negativen Haltungen gegenüber Kindern, das auch in den Medien zu finden sei. Nach einer Umfrage der britischen Kinderschutzorganisation Barnado's meinen 54% unserer Bevölkerung sogar, unsere Kinder benähmen sich wie Tiere. Und Firhall Village, ein kleines Dorf in Schottland, hat praktisch ein Verbot für Kinder erlassen, denn dort dürfen nur Menschen wohnen, die mindestens 45 Jahre alt sind>>, schimpfte Oma Thornaby.

<<In der Tat eine entsetzliche Entwicklung>>, stimmte Oma Stuckenborstel ihr zu. <<Wenn ich mich recht erinnere, gibt es leider in Norddeutschland ein ähnliches Dorfprojekt, das aber, erfreulicherweise, nicht sehr erfolgreich zu sein scheint.>>

<<Was ist eigentlich ein ASBOrometer?>>, wollte nun Frederike Schnuckenborstel wissen.

<<Ein Programm für u.a. iPhones, mit dem man Informationen über sog. unsoziale Strukturen erhalten kann>>, erläuterte Oma Pingelby. <<ASBO ist die Abkürzung für eine *„Anti-Social Behaviour Order"*, die erlassen werden kann, wenn eine Person durch ihr Verhalten, z. B. durch Fluchen oder das Ärgern von Nachbarn, Trunkenheit in der Öffentlichkeit, Betteln, Graffitisprühen, Lärm etc., Mitmenschen belästigt, alarmiert oder bedrängt. Bei Verstoß gegen eine ASBO ist eine Gefängnisstrafe möglich.>>

<<Hört sich wie eine Art Gummiparagraf an, der auf nichts und alles angewendet werden kann.>>

<<Stimmt genau, Frederike. Das ist ein Problem. Das andere: Dieses besagte ASBOrometer beruht auf einer Kombination der Ergebnisse einer Bürgerbefragung aus dem Jahre 2008, sowie Statistiken des britischen Innenministeriums über die Anzahl der ASBOs, die Zahl der Eingriffsmaßnahmen des Jugendamtes, der Zwangsräumungen und der leer stehenden Häuser einer Gegend. An der Postleitzahl können die Nutzer dann ablesen, ob es sich um eine sog. gute oder schlechte Wohngegend handelt. Dadurch werden Bürger allein nach der Postleitzahl ihrer Wohngegend in eine Schublade gepackt.>>

<<Wobei die subjektiven Einschätzungen, Ansichten und Meinungsäußerungen der damals befragten Bürger sicher einen nicht unerheblichen Einfluss auf die Bewertung der Gegenden hatten. Ich denke, bei uns würde man das ASBOrometer als Stigmatisierung und Diskriminierung ansehen>>

<<Sehe ich auch genauso. Die Beliebtheit dieses Programmes bei vielen unserer Landsleute erschrickt mich und lässt mich am Gerechtigkeitsverständnis mancher Zeitgenossen zweifeln.>>

<<Wir sollten endlich zum Schwimmen aufbrechen. Das Bad macht gleich auf>>, drängte Oma Lützelmeier am frühen Nachmittag.

107

Als die Omas beim Bad ankamen, fanden sie die Tür verschlossen und ein Schild mit der Aufschrift ‚*Closed due to Private Function'*. Sogleich rief Oma Pingelby bei ihrem Kontakt im Bad an. Dabei erfuhr sie, dass das Bad wahrscheinlich nicht mehr am Mittwochnachmittag für die Öffentlichkeit zur Verfügung stünde. Heute und wohl auch in Zukunft fände zu diesem Zeitpunkt das Bürgermeisterschwimmen statt, zu dem der Bürgermeister von Strettonby jeweils seine Dezernenten und Amtsleiter sowie führende Vertreter der Parteien und Personen des öffentlichen Lebens in Strettonby einlade. Die Einladung diene als besondere Auszeichnung. Das Schwimmen erfolge bei Wassermusik und Lichtspielen. Es beginne mit einem Sektempfang und ende jeweils mit einem kleinen Imbiss. Heute gäbe es ein kaltes Büffet. Für den Sommer seien Spezialitäten vom Grill vorgesehen und für den Monat Dezember weihnachtliche Klänge sowie Glühwein und Bratwurst.

<<Das mit unseren Steuergeldern und in einer Zeit, wo die Kommunen immer über klamme Finanzen klagen>>, schimpfte die Schatzmeisterin Oma Pingelby, der die Angelegenheit zudem noch gegenüber ihren Gästen peinlich war. <<Mal sehen, was unsere Chef-Oma dazu sagt.>>

<<Hast du schon vergessen, Emma, Oma Grimmelby ist heute morgen für einige Zeit nach Deutschland abgereist, um unsere Omas in Niederstedt zu visitieren>>, erinnerte Oma Knasterby die Schatzmeisterin. <<Und ich soll sie vertreten.>>

<<Dann kannst du dich gleich um die Schwimmbadgeschichte kümmern, Ingelore. Ich muss noch etwas erledigen. Du weißt ja Bescheid>>, verabschiedete sich Emma Pingelby.

<<*When the cat is away the mice will play*>>, freute sich Oma Schnurzelby. <<Leute, ihr seid doch immer für Spaß zu haben. Ich hab ne prima Idee. Vielleicht kennt ihr bereits Oma *Moleby*. Seit langem wissen wir, dass sie Fartarse regelmäßig über uns berichtet. Plank und sein ‚*Supergrass'* Oma Moleby ahnen

jedoch nichts davon. Ich denke, Oma Knasterby und ich sollten nächsten Mittwoch in den *Black Bull* zum Lunch gehen. Dort arbeitet nämlich Oma Moleby an einigen Tagen, um ihre Rente aufzubessern. Ingelore und ich könnten beim Lunch über die Schließung des Bades wegen der Public Function schimpfen und dabei andeuten, dass das zum Himmel stinke und es dort nicht mit rechten Dingen zuginge.>>

    <<Tolle Idee, Ortrud. Oma Moleby ist neugierig und hört wie ein Luchs. Und nicht zu vergessen, ihre blühende Fantasie. Wenn die Fartarse Bericht erstattet, vernimmt der begierig eine heiße Story, die sofortiges Einschreiten gebietet. Ich bin dabei. Und ihr anderen bewahrt absolutes Stillschweigen!>>

20 Chef-Oma Zumpelby warf letzte prüfende Blicke auf die Ehrenformation der Vereinigten Großmütter Niederstedts und war zufrieden. Ihre Omas standen angetreten in Reih und Glied und warteten auf die Befehle von Oma Schmidt-Zacke. Der rote Teppich lag ordnungsgemäß ausgerollt auf dem Bahnsteig. Oma Plauzenby stand mit ihrem *Ghetto Blaster* bereit. Langsam lief der Zug in den Bahnhof ein, und auf ein Zeichen der Chef-Oma erklang von Oma Plauzenbys Ghetto Blaster die Internationale. Mit grimmigem Blick entstieg Oma Grimmelby dem Zug und wurde von Gerda Zumpelby, wie es das Protokoll bei der Ankunft von ausländischen leitenden Funktionsträgerinnen vorschrieb, förmlich begrüßt. Dann schritten die beiden Chef-Omas zu den Klängen der Internationale die Ehrenformation ab, deren Mitglieder auf das Kommando von Oma Schmidt-Zacke Haltung angenommen hatten. Nach einer kurzen Rede, in der Sieglinde Grimmelby den deutschen Omas dankte und ihrem Wunsch nach einer erfolgreichen Fortsetzung der guten Zusammenarbeit Ausdruck verlieh, ging man zum inoffiziellen Teil über.

Gerda Zumpelby umarmte die englische Chef-Oma, und beide waren sichtlich erfreut sich wiederzusehen.

<<Du wohnst natürlich, wie im letzten Jahr, wieder bei mir, Sieglinde>>, sagte die deutsche Chef-Oma. <<Ist dein Besuch eigentlich rein dienstlich oder ein *Social Call?*>>

<<Beides. Einerseits muss ich bei meinen Austausch-Omas hier nach dem Rechten sehen. Du weißt ja, die laufen leicht aus dem Ruder und müssen daher regelmäßig ‚gebändigt', werden. Anderseits hat mir der Aufenthalt in Niederstedt im letzten Jahr und die gemeinsame Zeit mit dir und deinen Omas viel Spaß gemacht. *Between you, me and the gate-post*, eigentlich überwiegt der *Social Call*, zumal du mir sagtest, meine Omas hätten dir keinen Anlass zu Beschwerden gegeben.>>

<<Stimmt; es sieht so aus als gibt's nicht viel zu bändigen, Sieglinde. Übrigens, du kommst gerade wieder rechtzeitig zur Hengstparade.>>

<<Mensch Gerda, erinnere mich bloß nicht an mein Missverständnis hinsichtlich der Hengstparade im letzten Jahr. Das war mir peinlich. Zum Glück hast du niemandem davon erzählt>>, griente Oma Grimmelby überraschenderweise. <<Werden die Hengste eigentlich wieder an der Hand sowie unter dem Sattel vorgeführt?>>

<<Sieglinde, du scheinst dich inzwischen prima mit den deutschen Fachbegriffen auszukennen.>>

<<Na ja, zu irgendetwas muss der Gedankenaustausch beim Reiterball doch gut gewesen sein, Gerda. Und darauf freu ich mich riesig, den intensiven Gedankenaustausch beim diesjährigen Reiterball.>>

<<Na Oma Grimmelby, *you know a thing or two*>>, amüsierte sich die deutsche Chef-Oma.

Für den nächsten Morgen hatte Gerda Zumpelby die englischen Austausch-Omas zum *Brunch* mit Oma Sieglinde Grimmelby eingeladen. Hilde Prackmann, die Oma Zumpelby bei der Vorbereitung des Brunchs geholfen hatte, erzählte drei bereits vor Beginn der Veranstaltung eingetroffenen Gästen begeistert die neusten Neuigkeiten aus Niederstedt.

<<Echt bemerkenswert, Oma Prackmann>>, sagte Oma Lümmelby, die sich nicht im geringsten für den Klatsch und Tratsch interessierte und daher ihre Ohren auf Durchzug gestellt hatte.

<<Ja, alles wichtig>>, mahnte Hilde Prackmann <<Man muss doch wissen, was im Ort so läuft. Und Spaß macht es auch, wenn man mal so richtig was über andere erzählen kann. Da hat man bei Treffen und Feiern immer etwas zu reden, und es kommt keine Langeweile auf.>>

<<Stimmt, Klatsch ist für viele Menschen unterhaltsam und fördert den Zusammenhalt von Gruppen, so eine Art sozialer Kitt>>, erläuterte Dr. Mickeyby.

<<Was hast du gesagt, Adelgard? Du bist heute nicht fit?>>, fragte Oma Prackmann irritiert, die ihr Hörgerät wieder nicht eingeschaltet hatte.

<<Nein Hilde>>, antwortete Oma Mickeyby mit lauter Stimme. <<Ich erklär den Leuten gerade die Sache mit dem Klatsch.>>

Während Hilde Prackmann verzweifelt an ihrem Hörgerät werkelte und erst nach längerer Zeit merkte, dass sie die Batterien rausgenommen hatte, fuhr Oma Mickeyby fort: <<Klatsch ist ein Mittel sozialer Kontrolle. Mit ihm können Verstöße gegen Normen und Werte einer Gruppe, eines Vereins oder eines Dorfes, einer Gemeinschaft geahndet werden. Auch wenn sie das nicht zugeben, fürchten sich viele Mitglieder der betreffenden Gemeinschaft davor.>>

<<Na, Oma Prackmann>>, fragte Edelgard Naughtyby, als sie sah, dass deren Hörgerät in Betrieb war, <<Ist Klatschen und Tratschen nicht unchristlich. Es soll da so ein Gebot geben, wonach man seinen Nächsten u.a. nicht verleumden oder seinen Ruf verderben, sondern ihn entschuldigen und Gutes von ihm reden soll.>>

<<Mach ich ja nicht. Alles was ich erzähle, stimmt genau. Meine Quellen sind zuverlässig. Das muss ich doch mal sagen.>>

<<Eine etwas ungewöhnliche Auslegung des achten Gebots, Hilde>>, meinte Dr. Mickeyby mit einem Lächeln.

<<Ein Pech für dich Hilde, dann hast du keine Chance bei einigen Privatsendern, die in ihren Talkshows nur Leute mit erfundenen Geschichten auftreten lassen>>, sagte eine grinsende Oma Naughtyby.

Wider Erwarten war Sieglinde Grimmelby mit den Berichten der nach Deutschland entsandten Omas zufrieden, was letztere mit Erleichterung aufnahmen und beim Brunch kräftig zulangten.

<<Habt ihr das gelesen, der Justizminister eines Bundeslandes schlug erneut vor, auch Ladendiebe, Diebe und andere Kleinkriminelle mit Fahrverboten zu bestrafen, was bei über 90% der Befragten einer regionalen Zeitungsumfrage Zustimmung fand>>, erregte sich Oma Aidby.

<<Solche Vorschläge sind in meinen Augen eher von der abwegigen Art. Denn Fahrverbote machen nachweislich nur Sinn, wenn sie bei Verkehrsdelikten verhängt werden>>, stellte Dr. Mickeyby fest.

<<Falls Fahrverbote für Diebstähle und andere kleinkriminelle Delikte wirklich Gesetz werden sollten, brächen hier harte Zeiten für die Leute an>>, bemerkte Oma Naughtyby. <<Nach dem Bericht in einer Illustrierten sollen angeblich über zwei Drittel der Deutschen Sachen im Hotel klauen. Ich weiß nicht, wie das bei unseren Landsleuten aussieht, vielleicht sind die Zahlen ähnlich. Nun, wenn der Vorschlag in Deutschland Gesetz würde, wäre das für die armen Deutschen bitter. Fahrverbote für LKW, PKW, Motorräder, Mopeds, Mofas und, Achtung Oma Nothose, Trecker. Die Straßen wären dann aber sicherlich wesentlich weniger befahren.>>

<<Das hätte natürlich auch seine Vorteile>>, frotzelte Oma Plauzenby. <<Endlich freie Fahrt für freie Bürger, und auch Adelgard könnte prüfen, wie schnell ihr Sharan läuft.>>

<<70 bis 80 Meilen in der Stunde genügen mir>>, antwortete Oma Mickeyby. <<Aber eigentlich schade, Annabell, dass du dein Moped mit Beiwagen nicht mitgebracht hast. Du hättest mit der Chef-Oma im Beiwagen mal richtig Gummi geben können.>>

<<Dr. Adelgard Mickeyby, diese respektlosen Bemerkungen im Zusammenhang mit meiner Person sind nicht angebracht. Erstens solltest du als Mitglied unseres Vorstandes unseren Omas ein Vorbild sein, und zweitens wird in meiner Gegenwart kein

„Gummi gegeben", schon gar nicht, wenn ich im Beiwagen sitze>>.

<<*Needless to say, Madam Chairperson.*>>

<<Sieglinde, wie machst du das eigentlich, immer so ernst und grimmig zu blicken, selbst wenn du einigermaßen zufrieden bist?>>, erkundigte sich Gerda Zumpelby, nachdem die übrigen Omas gegangen waren.

<<Unter uns, ich lass mich regelmäßig botoxen. Dann brauch ich mich nicht so anzustrengen, wenn ich unsere Mitglieder mit meinem allseits bekannten und gefürchteten Blick bändigen muss. Manchmal finde ich deren Eskapaden einfach *hilarious*, was die aber nicht merken dürfen. In meiner Eigenschaft als Vorsitzende unseres Vereins muss ich dann trotzdem regelnd eingreifen, damit die Omas nicht total aus dem Ruder laufen, denn das leidet unsere Ehrenpräsidentin Rosa auf keinen Fall.>>

In Strettonby trafen sich am Mittwoch Oma Knasterby und Oma Schnurzelby im Black Bull zum Lunch. Alles lief wie geplant. Als Oma Moleby später Plank aufgeregt über die von ihr belauschte Unterhaltung der Omas Schnurzelby und Knasterby berichtete, war der Chief Inspector begeistert. <<Was, da sollen nachmittags am helllichten Tag Orgien im Schwimmbad stattfinden und Leute kiffen, das darf nicht wahr sein.>>

<<Hab ich doch deutlich gehört, Mr. Plank. Immer mittwochs, und das tarnen die unverschämterweise als Public Function>>, versicherte Oma Moleby.

<<Gut gemacht, *Supergrass*. Bleib am Ball! Ich kümmer mich um die Schweinerei.>>

Da sich Inspector Smart seit einer Woche im Urlaub befand, brüllte Plank <<Brown, sofort zu mir!>> Nachdem er den Inspector kurz informiert hatte, befahl er <<Fordere Verstärkung

an! Die soll am Schwimmbad diskret zu uns stoßen! Wir rücken in voller Stärke aus.>>

<<Sir, ist das nicht ein bisschen übertrieben. In dem Bad passiert doch nichts Aufregendes. Da pinkelt höchstens mal einer ins Wasser.>>

<<Brown, lass deine dummen Witze und reiß dich gefälligst zusammen! Es geht hier um Orgien und Drogen. Wenn wir im Bad sind, besetzt ihr alle Ein- und Ausgänge, damit niemand entkommt!>>

<Wenn bloß Smart da wäre und ihn bändigte>, dachte Inspector Brown resignierend.

Nachdem Plank noch den Strettonby Daily angerufen und von der Aktion verständigt hatte, rückte er mit seinen Beamten aus. Mit einer kleinen Gruppe stürmte er wenig später in die Schwimmbadzentrale und verkündete über die Lautsprecheranlage <<Dies ist eine Razzia. Fluchtversuche sind zwecklos. Alles ausziehen und breitbeinig mit Gesicht und erhobenen Händen zur Wand hinstellen!>> Dann befahl er seiner kleinen Eingreiftruppe <<Los, die Leute auf Drogen untersuchen!>> und stürmte allen voran in die Schwimmhalle. Dort blieb er plötzlich erschrocken stehen und stammelte <<Sir, *Mr Mayor,* ich ahnte ja nicht, dass Sie im Namen der Stadt hier eine offizielle Veranstaltung durchführen. *I am extremely sorry, Sir>>*

<<Das hat noch ein Nachspiel Plank. Mein Freund Uppington wird begeistert sein.>>

Am nächsten Tag berichtete der Strettonby Daily ausführlich über die Schwimmbadrazzia und Planks unrühmliche Rolle in dieser Angelegenheit.

<<Wieso hat die Zeitung davon erfahren, Oma Knasterby?>> Hast du ihr von der Sache berichtet?>>, fragte Oma Sturmhose.

<<Nee, das wär doch gemein gewesen. Nach dem Artikel hier hat Fartarse den Reporter selbst angefordert.>>

In Niederstedt saß Sieglinde Grimmelby am Telefon und vernahm mit düsterem Blick Oma Pingelbys Bericht über den Artikel im Strettonby Daily. <<Zum Glück kein Wort von irgendwelchen Omas in der Zeitung>>, murmelte sie und legte den Hörer auf. Dann wählte sie die Nummer von Oma Knasterby. In dem anschließenden Gespräch erhielt Ingelore Knasterby einen strengen Verweis, den die Chef-Oma in einem späteren Telefonat mit Ehrenpräsidentin Rosa Livingston als *,a good telling off*' beschrieb, während Plank ihn eher als Einlauf bezeichnet hätte.

Plank selbst hatte sich nach dem Lesen des Artikels, entsprechend dem Rat von Inspector Brown *to keep a low profile*, umgehend krank gemeldet. Er beantwortete sein Telefon nicht mehr und hoffte inständig, dass sich auch Uppington wieder beruhigen würde.

21 <<Ich fürchte, mit unserem diesjährigen mehrtägigen Betriebsausflug sieht es schlecht aus, Oma Zumpelby>>, berichtete die Schatzmeisterin der Niederstedter Vereinigten Großmütter, Kunigunde Hubendubler, frustriert ihrer Vorsitzenden. <<Unsere Mitglieder werden sehr enttäuscht sein. Aber die Finanzen stehen schlecht, und eine Beitragserhöhung käme nicht gut an, zumal wir vor Monaten unseren Mitgliedern für dieses Jahr eine Reduzierung der Beiträge versprochen haben.>>

<<Der jährliche Betriebsausflug, und sei er noch so klein, er muss sein. Sonst gibt es womöglich noch eine Revolte. Du weißt doch, der Ausflug ist ein wichtiges Ritual und besitzt eine Art Kultstatus, ähnlich wie der englische Sketch „Dinner for One" zu Silvester.>>

<<Ein englischer Sketch mit dem Namen „Dinner for One", Gerda, nie gehört>>, wunderte sich die englische Chef-Oma.

<<Der läuft bei uns seit 1972 jeden Silvester auf diversen Fernsehkanälen, Sieglinde. Aber zurück zu den schwierigen Finanzen. Kunigunde, gibt's eventuell die Möglichkeit einer günstigen Ausflugsvariante?>>

<<Hab ich mir auch schon überlegt. Wir könnten bestimmt billig einen Anhänger mit Plane, Bänken und Tisch mieten und den hinter Oma Nothoses Trecker spannen. Auf dem idyllischen Zeltplatz von Schondorf ließe sich günstig übernachten. Falls Oma Schmidt-Zacke Zelte besorgen kann, umso besser, sonst Anmietung der Behausungen.>>

<<Wie steht's mit der Verpflegung, Kunigunde?>>

<<Bei der Fahrt auf dem Hänger brauchen wir nur einige Gedecke und alkoholfreie Getränke. Die Sachen besorgen wir selbst im Supermarkt. Das spart Geld.>>

<<Unsere Damen benötigen aber wenigstens auch einmal am Tag eine warme Malzeit, Oma Hubendubler.>>

<<Kein Problem. Da wir bald Wahlen haben, finden in der übernächsten Woche in den kleinen Orten und Dörfern rund um Schondorf diverse Veranstaltungen der Parteien statt. Nach dem Niederstedter Boten laden sowohl die CDU, als auch die SPD und andere zum zwanglosen Zusammensein bei Bier, Grillen, Eintopf, oder Kaffee und Kuchen ein. Außerdem präsentieren einige Autohäuser ihre Fahrzeuge und neuen Modelle, wobei auch diese zu freier Verpflegung und Gratisgetränken während der Veranstaltungen einladen, Gerda und Sieglinde. Hier mein Ablaufplan nebst Kostenaufstellung für einen machbaren dreitägigen Betriebsausflug, bei dem wir täglich sogar zwei kostenlose warme Mahlzeiten plus Kaffee und Kuchen bekommen könnten. Alles eine Sache des richtigen Timing. Nur unseren Ghetto Blaster und die schöne Internationale sollten wir lieber zu Hause lassen.>>

<<Hervorragend Oma Hubendubler. Von dir könnte selbst unsere Emma Pingelby noch etwas lernen>>, staunte Sieglinde Grimmelby.

<<Es ergeht folgender Beschluss>>, verkündete die deutsche Chef-Oma: ‚Der diesjährige Betriebsausflug der Niederstedter Großmütter findet, wie von unserer Schatzmeisterin beantragt, statt. Abreise am nächsten Freitag 9.30 Uhr vom Vereinsheim. Eine unverzügliche Einladung ergeht durch die den Ausflug organisierende und leitende Schatzmeisterin. Ihren Anordnungen ist Folge zu leisten. Unsere englischen Gäste sind herzlich zur Teilnahme eingeladen.>>

<<Bei uns wird so etwas in der Regel stundenlang im Festkomitee diskutiert>>, wunderte sich Oma Grimmelby.

<<Angesichts der Kürze der Zeit herrscht akuter Handlungsbedarf. In solchen Fällen trifft unsere Vorsitzende eine Eilentscheidung, nicht wahr Gerda>>, antwortete Oma Hubendubler. <<Unsere Gerda wir dann immer sehr förmlich, ein Überbleibsel aus ihrer früheren Tätigkeit bei Gericht.>>

Am folgenden Freitag bog pünktlich um 12.00 Uhr Oma Nothoses Trecker mit Anhänger um die Ecke und hielt auf dem Veranstaltungsplatz der in Twielendorf herrschenden Partei. Als dann siebenundzwanzig gut gelaunte aufgebrezelte Damen dem landwirtschaftlichen Gespann entstiegen, waren die Veranstalter und Besucher des Festes, angesichts der großen Zahl der neuen ihnen zumeist unbekannten Gäste, zunächst etwas beunruhigt. <<Was wollen die denn hier?>>, meckerten einige der Versammelten.

<<Immer mit der Ruhe Leute>>, ermahnte der Parteivorsitzende und begrüßte die Neuankömmlinge mit <<Herzlich willkommen, meine Damen. Bitte nehmen Sie Platz und greifen Sie kräftig zu! Lassen Sie sich von unserer Partei verwöhnen!>>

<<Es wäre sehr unhöflich von uns, eine so freundliche Einladung auszuschlagen>>, erwiderte Oma Hubendubler.

Dann sprachen die 27 Damen, die auf dem diesjährigen Betriebsausflug bewusst in Zivil unterwegs waren, begeistert den Salaten, der Erbsensuppe mit Einlage sowie den Getränken zu.

<<Ihr Doofköppe>>, rügte der Parteivorsitzende die Meckerer mit verhaltener Stimme. <<Das ist wichtiges Wählerpotenzial, welches man pflegen muss. Es geht um jede Stimme.>>

Nachdem die Omas sich satt und zufrieden zwecks Verdauens noch einige Zeit ausgeruht und dabei dem Vortrag des prominenten Vertreters des Landesverbandes der Partei mit interessierten Gesichtern, aber innerlich gelangweilt, zugehört hatten, bedankte sich Oma Hubendubler bei den Gastgebern und rief ihre Damen zum Aufbruch. Sodann ging es weiter auf dem *Party Trail*, wie Oma Plauzenby den Betriebsausflug mit Begeisterung nannte.

<<Um 3 Uhr müssen wir in Binsenhagen sein. Dort gibt es Kaffee und Kuchen>>, verkündete Kunigunde Hubendubler.

<<Wenn das in diesem Tempo weitergeht, wird das ne anstrengende Sache>>, meinte Annabell Plauzenby.

<<Keine Angst Leute, nach dem Kaffee machen wir unterwegs Pause bei einem befreundeten Landwirt. Dort ist Gelegenheit, im Heu den versäumten Mittagsschlaf nachzuholen. Unser Abend-Termin ist erst gegen 20 Uhr. Es werden Grillvariationen und Getränke gereicht.>>

Gegen 23 Uhr verließ das landwirtschaftliche Gespann mit zufriedenen, aber auch müden Omas Binsenhagen in Richtung Schondorfer Zeltplatz. Während die meisten von ihnen vor sich hindösten, sangen die Omas Purzelby und Lümmelby, die als Absacker noch einen Joint rauchte, aus vollem Hals *Rugby Songs*. Schon kurze Zeit nach der Ankunft in Schondorf hörte man aus den Zelten der Omas kräftiges Schnarchen.

Am nächsten Morgen machten sich die Damen erholt und gut ausgeruht gegen 10.30 Uhr auf den Weg zum nächsten *Event*, der Vorstellung eines neuen PKW mit Mittagsessen und Getränken. Auf das Frühstück hatten sie, angesichts des vollen Programms, gerne verzichtet. Auch der Samstag verlief wieder zur vollsten Zufriedenheit der Omas, und alle waren traurig, als es am Sonntag nach dem letzten kostenlosen Kaffeenachmittag wieder nach Hause ging.

<<Obwohl das ein hervorragender Ausflug war, an den ich gerne zurückdenken werde, doch schön, wieder zu Hause zu sein>>, meinte Gerda Zumpelby am Sonntagabend in Niederstedt. <<War schon anstrengend, aber man muss die Feste feiern, wie sie fallen.>>

<<Kompliment, ihr beiden Chef-Omas habt euch gut gehalten>>, lachte Oma Plauzenby. <<Bei dem Programm hätten viele auf halber Strecke schlapp gemacht.>>

22 Die deutschen und die englischen Omas schwärmten noch nach Tagen beim monatlichen Planungstreffen von dem gelungenen Betriebsausflug. Nur nach mehrmaligen Ermahnungen konnte Gerda Zumpelby die Aufmerksamkeit der Omas für die Planung der folgenden Wochen gewinnen.

<<Was meint ihr, wollen wir in der nächsten Zeit nach Hamburg fahren. Dort soll es eine ungewöhnliche Ausstellung mit Werken hochkarätiger Künstler geben?>>, schlug Oma Aidby vor.

<<Die Ausstellung sollte man unbedingt sehen, heißt es; ein absolutes gesellschaftliches Muss>>, warf Oma Nothose ein.

<<Ist das auch etwas für Doofe aus der Unterschicht wie mich, denn nach Sarrazin sollen Bildungsaufwendungen für Unterschichtkinder sinnlos sein, weil Intelligenz weitgehend erblich sei>>, fragte Annabell Plauzenby. <<Dann wäre bei mir sowieso alles gelaufen.>>

<<Na Annabell, kokettierst du schon wieder mit deiner *Working Class* Herkunft und deinem angeblich niedrigen IQ>>, lachte Dr. Mickeyby. <<Wie wär's denn mit der ‚Mallorca Party', die in einigen Wochen wieder in Norddeutschland stattfindet. Da kommt wieder Mickie Krause. Dann kannst du seine Lieder, wie „Finger im Po" und „Zehn nackte Friseusen", aus vollem Hals mitsingen und dazu in der passenden Inseldekoration auch Sangria aus Eimern trinken>>, frotzelte Oma Mickeyby.

<<Spinnst du? Ballermann und Co. muss ich echt nicht haben.>>

<<Auch gut. Irgendwie kann man dir nur schwer etwas recht machen. Was meinst du dazu, Oma Naughtyby, sollten wir unsere Annabell vielleicht nicht lieber zum ‚Großen deutschen IQ-Test von RTL 2' schicken? Hätte den zusätzlichen Vorteil, dass wir dann endlich von privatfernsehamtlicher Seite wüssten, wie es um Oma Plauzenby und ihren IQ steht.>>

<<Meine Damen, bitte mit etwas mehr Ernst>>, mahnte die englische Chef-Oma mit grimmigen Blick. <<Am Sonntag würde ich euch gerne vollzählig zum Gottesdienst sehen!>>

<<Ist das ein Abendmahlsgottesdienst mit Altar-Rundgang, oder wird das Abendmahl im Halbkreis gefeiert?>>, wollte Oma Prackmann wissen.

<<Keine Ahnung. Das ist doch egal, Hilde.>>

<<Für mich nicht; ich komme nur, wenn der Abendmahlsgottesdienst mit Altar-Rundgang stattfindet.>>

<<Ich würde einen Freiluftgottesdienst vorziehen. Neulich in einem kleinen Ort in Norddeutschland zu Beginn des dortigen Straßenfestes war der Freiluftgottesdienst ein echtes *Event*, bei dem der Pastor auf der Drehleiter der örtlichen Freiwilligen Feuerwehr aus luftiger Höhe amtierte. Wenn das nichts ist>>, meinte Oma Lümmelby.

<<Ist derzeit nicht im Angebot, Luzinde. Sieglinde meinte den ganz normalen Sonntagsgottesdienst in der hiesigen Kirche>>, erwiderte Oma Mickeyby.<<Aber was ich gerne wissen möchte: Wird man hier auch beim Betreten und Verlassen des Gotteshauses kontrolliert, wie es seit Jahren wohl in Niedersachsen bei Moscheen üblich zu sein scheint, wo Muslime, bis vor einiger Zeit sogar verdachtsunabhängig, sporadisch beim Moschee-Besuch kontrolliert werden?>>

<<Zum Glück bisher noch nicht>>, erklärte Gerda Zumpelby.

<<Rein vorsorglich könnten wir unsere Kontaktleute vom Geheimdienst fragen, ob sie uns als ‚Informelle Mitarbeiter des Niedersächsischen Verfassungsschutzes' entsprechende Ausweise zwecks Vorzeigens beim Gottesdienstbesuch ausstellen>>, feixte Oma Naughtyby.

<<Außerdem sollten wir uns, entsprechend der jeweiligen Konfessionszugehörigkeit, Tücher besorgen. Für Katholiken bietet die katholische Kirche Tücher und Krawatten mit dem Aufdruck ‚Gern katholisch' an. Für andere Konfessionen müssten wir die

Tücher mit dem der jeweiligen Glaubensrichtung entsprechenden Aufdruck speziell anfertigen lassen. Die staatlichen Gottesdienstkontrolleure könnten dann anhand der Tücher auch gleich feststellen, ob sich jemand in der Kirche geirrt hat>>, äußerte sich zufrieden Oma Lümmelby.

<<Also Leute, der langen Rede kurzer Sinn. Sonntags ist *Church Parade* angesagt, derzeit definitiv ohne staatliche Kontrolle der Teilnehmer und Teilnehmerinnen beim Betreten oder Verlassen des Gotteshauses>>, konstatierte Sieglinde Grimmelby. <<Oma Zumpelby und ich werden selbstverständlich dort sein und dabei hinsichtlich unserer Mitglieder eine Gesichtskontrolle vornehmen.>>

<<Das hat heute nicht viel gebracht Sieglinde, murmelte Gerda Zumpelby. Dann mit lauter Stimme: <<Beschlossen und verkündet: ‚Der Besuch der Ausstellung in Hamburg findet am Donnerstag nächster Woche statt. Die Teilnahme ist, auch für Oma Plauzenby, freiwillig. Die den Teilnehmerinnen entstehenden Kosten sind nicht aus der Vereinskasse zu erstatten. Anmeldungen bis zum kommenden Sonntag bei Oma Meier oder Oma Nothose. Die Kostenentscheidung beruht auf Paragraf 5 Abs. 2 Satz 2 der Vereinssatzung. Die Sitzung ist hiermit geschlossen'.>>

<<Oma Prackmann, hast du noch von dem schönen Toilettenpapier für Fußballfans>>, fragte Annabell Plauzenby ihre Gastgeberin auf dem Nachhauseweg.
<<Eine ganze Menge. Ich hab damals genug davon beim Discounter eingekauft. Aber wieso fragst du?>>
<<Das Papier mit den Fußballmotiven und dem Rasenduft, das ich bei dir zu Hause zum ersten Mal kennenlernte, ist Spitze. Wenn ich über Weihnachten nach Hause fahre, würde ich gerne eine der Packungen mit acht Rollen mitnehmen. Inspector Smart

hatte von dem Papier gehört und bat mich vor der Abreise, das Papier zu besorgen. Er will es Fartarse auf die für diesen in der Dienststelle reservierte Toilette hängen lassen. Smart hofft, dass Plank durch das gemütliche Betrachten der Fußballmotive und den Rasenduft ruhiger wird, was seine Mitarbeiter auf dem Revier, nicht nur in der *Festive Season*, sehr begrüßen würden.>>

<<Kein Problem, Annabell, ein schönes Geschenk für alle auf dem Revier.>>

<<Mich plagt ein bisschen das schlechte Gewissen, Gertrud. Als es neulich wieder von Haribo „A... mit Ohren" gab, dachte ich gleich an Plank, kaufte und schickte die Packung an Oma Moleby, die kein Deutsch kann, mit der Bitte das Geschenk Chief Inspector Plank B.A. mit meinen besten Wünschen zu überreichen. Fartarse war außer sich und redete zwei Wochen nicht mehr mit Oma Moleby. Da hatten zwar beide ihr Fett weg, aber so ganz war das wohl nicht, wie du sagen würdest, die ‚feine englische Art' von mir.>>

<<Einsicht ist der erste Weg zur Besserung, Annabell. Vielleicht gelingt es Oma Ponzenby und Oma Schmidt-Zacke doch noch eines Tages, eine feine Dame aus dir zu machen.>>

23 <<Oma Zumpelby, es gibt eine gute und eine schlechte Nachricht>>, führte die Schatzmeisterin Oma Hubendubler anlässlich eines weiteren Planungstreffens aus. <<Zunächst die gute: Unsere Finanzen erholen sich langsam, aber stetig. Die schlechte: Wir benötigen zwecks Rücklagenbildung Sondereinnahmen.>>

<<Wie wär's, wenn ihr der Allgemeinheit persönliche Gesprächstermine mit Chef-Oma Zumpelby gegen harte Währung anbietet. Das soll ja im Hinblick auf einige führende Politiker gut funktioniert haben>>, bemerkte Oma Lümmelby.

<<Mit allem nötigen Respekt für Chef-Oma Zumpelby, aber ich glaube die Leute werden kaum bereit sein, für ein Gespräch mit der Vorsitzenden der Niederstedter Vereinigten Großmütter namhafte Beträge zu zahlen, Luzinde>>, stellte Dr. Mickeyby fest.

<<Dann muss Gerda eben als Lobbyistin zur Pharmaindustrie gehen, Adelgard>>.

<<*Another jolly good idea*, Luzinde. Gerda ist zwar Mitglied der Krankenkasse, aber nicht deren Vorstandschefin.>>

<<Mir fällt schon noch etwas ein; hab heute meinen kreativen Tag und kann euch daher tatkräftig unterstützen. *Don't worry I stand next to you.*>>

<<*Well, that's why I am getting worried*, Luzinde!>>

Da niemand einen sachdienlichen Vorschlag zur Erzielung von zusätzlichen Einnahmen machen konnte, verkündete Gerda Zumpelby schließlich <<Dann müssen wir doch die Mitgliedsbeiträge erhöhen. Ich weiß, wie unpopulär das bei unseren Damen ist. Aber, obwohl die oft klagen, es ginge ihnen finanziell schlecht, trifft das eigentlich nicht zu. Und für Omas mit geringeren Renten, gibt's, wie immer, natürlich eine entsprechende Befreiung.>>

<<Klingt sehr vernünftig>>, unterstützte Oma Grimmelby den Vorschlag ihrer deutschen Kollegin und blickte so grimmig in die Runde, dass sich kein Widerspruch regte.

<<B.u.v.: ‚Die Mitgliedsbeiträge werden ab nächsten Monat um 30% erhöht'.>>

<<Wir möchten dich, liebe Oma Zumpelby und alle Mitglieder der Niederstedter Großmütter für eine Woche nach Schottland einladen, und zwar in ein Herrenhaus in den Highlands. Das Herrenhaus Glenmarney Manor gehört einer entfernten Verwandten von mir, die uns das Anwesen samt Personal zur Verfügung stellt, und zwar gegen eine Art *Peppercorn Rent*. Sie selbst verbringt, wie jedes Jahr, einige Zeit in London und freut sich, wenn wir, die Strettonby Grannies, zusammen mit euch das Haus nutzen>>, berichtete Chef-Oma Grimmelby und freute sich über die begeisterte Reaktion der versammelten Omas. <<Ihr müsstet nur die Kosten für die Reise nach Schottland aufbringen. Falls es mit den Finanzen knapp wird, könntet ihr zur Not die kurze und daher günstige Fährverbindung Calais – Dover nutzen. Und vielleicht könntet ihr euren Mitgliedern die beschlossene Beitragserhöhung mit dem Hinweis auf die Reise etwas versüßen.>>

<<Dann schlage ich vor, die Beiträge um insgesamt 40% zu erhöhen und zunächst lediglich die Hälfte der zusätzlichen Einnahmen den Rücklagen zuzuführen, um mit der zweiten Hälfte die Schottlandreise zu bezuschussen>>, meldete sich die Schatzmeisterin zu Wort. <<Ferner sollten wir an unsere Omas Ponzenby und Schmidt-Zacke herantreten. Die Damen werden angesichts ihrer hervorragenden Einnahmen aus den Managementkursen bestimmt gewillt sein, einen namhaften Betrag beizusteuern.>>

<<Keine Einwände? Das ist damit so beschlossen>>, verkündete Gerda Zumpelby.

24 Inzwischen waren einige Monate vergangen, in denen das Leben in Strettonby und in Niederstedt relativ ruhig und ohne größere Besonderheiten verlaufen war. Die englische Chef-Oma war mit einer Kuckucksuhr als Geschenk der Niederstedter Großmütter für die Vereins-*Hut* der Strettonby Grannies nach England zurückgekehrt, nachdem sie sowohl am Reiterball als auch an verschiedenen Schützenbällen teilgenommen hatte. Gerda Zumpelby dachte zufrieden an die gemeinsame Zeit und amüsierte sich immer noch über Sieglinde Grimmelbys Begeisterung für die strammen Männer in den grünen Uniformen. Wie gelegentlichen Äußerungen einiger Schützen zu entnehmen war, wurde Oma Grimmelby in Niederstedt vermisst, was Oma Zumpelby nicht sonderlich überraschte. Bei den Niederstedter Omas und ihren Gästen liefen die Vorbereitungen für die Schottlandreise auf Hochtouren. Auch die Grannies in Strettonby und die deutschen Austausch-Omas waren überwiegend mit der Reise nach Schottland und dem Aufenthalt dort beschäftigt. Chief Inspector Plank verhielt sich auf Anraten von Inspector Smart zurückhaltend und ließ die Damen weitgehend unbehelligt, obwohl ihm das sehr schwer fiel.

<<Bei Glenmarney geht wohl der Bär ab>>, sagte ein Dorfbewohner zu seinem Nachbarn, als der Korso der Strettonby Grannies durch das Dorf Richtung Glenmarney Manor fuhr. Chef-Oma Grimmelby saß stolz im Beiwagen von Oma Plauzenbys Moped, dem vier *Outrider* vorausfuhren. Es folgten zwei weitere *Outrider* und dahinter die anderen Vereinsmitgliedern auf ihren Maschinen. Alle Omas trugen, wie von Sieglinde Grimmelby angeordnet, ihre Vereinsuniformen.

<<Die sehen merkwürdig aus>>, meinte der Nachbar verwundert.

<<Na ja, *Toffs* sind immer etwas ungewöhnlich, aber diese scheinen was ganz Besonderes zu sein, alle in schwarzen Klamotten und auf Mopeds.>>

In Glenmarney Manor wurden die Strettonby Grannies vom angetretenen Personal begrüßt und willkommen geheißen. Alle waren nach der langen Fahrt zufrieden, dass sie sogleich ihre Zimmer beziehen konnten, nur nicht Oma Stänkerby, die sich bitterlich beklagte.

<<Ein Zimmer neben dem von Oma Plauzenby ist eine Zumutung. Die schnarcht, dass die Wände wackeln. Da bekomme ich kein Auge zu. Ich brauche unbedingt meinen Schönheitsschlaf.>>

<<James, führen sie *Madam* bitte in ein ruhiges Zimmer im Turm>>, sagte Oma Grimmelby zum Butler. <<Da hast du einen prima Blick und deine Ruhe, Herta. Und James, falls das Zimmer Madam nicht zusagen sollte, es gibt hier bestimmt auch *Dungeons*? Vielleicht möchte Madam dann dort einen absolut ruhigen Raum.>>

<<Sehr wohl, Gnädige Frau. Ruhiges Turmzimmer für Madam Stänkerby, mit Vormerkung für die *Dungeons*>>, vermeldete der Butler und murmelte vor sich hin <<Ob dann wohl auch Anketten gewünscht ist?>>

<<Lasst uns vor dem Dinner kurz die nähere Umgebung erkunden>>, hatte Annabell Plauzenby einigen der Omas vorgeschlagen. <<Macht aber nicht soviel Krach, denn Chef-Oma Sieglinde darf auf keinen Fall bei ihrem verspäteten Mittagsschlaf gestört werden, sonst ist sie ungenießbar!>>

Daher starteten die Omas ihre Mopeds erst in einiger Entfernung von Manor House und gaben Vollgas. Nach etwa einer halben Stunde des Erkundens machten sie sich auf den Rückweg. Bevor es jedoch nach Glenmarney ging, brausten sie, zum Entsetzen der Dorfbewohner, mehrere Male die *High Street* des nahegelegenen Ortes hinunter und zurück. Schließlich hielten sie vor den Glenmarney Arms, dem einzigen *Pub* im Dorf.

<<Das ist mir alles zu anstrengend, erst die lange Fahrt von Strettonby hierher. Dann das blöde Herumfahren in der Gegend>>, meckerte Oma Stänkerby. <<Und am Verdursten bin ich auch.>>

<<Hätten wir die bloß zu Hause gelassen. Immer das Gequake>>, murmelte Oma Knasterby. <<Da vergeht einem doch die beste Laune.>>

<<Nicht verzagen, Ortrud fragen>>, lachte Oma Schnurzelby und zog einen Dauerlutscher der Marke *Gobstopper*, von denen sie zu diesem Zweck stets einige in einer Art Patronengürtel bei sich trug, hervor und stopfte den Dauerlutscher Herta Stänkerby in den Mund.

Als die Omas den Pub betraten, verstummten zunächst die Gespräche und die Gäste betrachteten staunend die Neuankömmlinge in ihren schwarzen Vereinsuniformen.

<<George, sieh dir das an: Eine Toff-Mopedgang, is ja irre. Und die da mit dem Dauerlutscher als Art Schnullerersatz. Ob die sonst alle mit Schnuller- bzw. Schnullerersatz rumlaufen?>>

<<Ortrud, der Herr benötigt auch einen Schnuller>>, sagte Oma Plauzenby. <<Sei bitte so lieb, *do the honours*, damit wir in Ruhe unser Feierabendbier trinken können!>>

Dann schob Oma Plauzenby vorsichtig den nunmehr verstummten Gast zur Seite und bestellte jeder Oma einen Pint.

<<Ach so, und geben sie dem Herrn auf meine Rechnung einen Drink seiner Wahl, aber bitte erst, wenn er den Gobstopper ganz auf hat!>>

Während die Strettonby Grannies in Glenmarney Manor die letzten Vorbereitungen für die Begrüßung und Unterbringung der Niederstedter Großmütter trafen, verließ gegen Mittag des nächsten Tages ein fast vollbesetzter Bus Niederstedt in Richtung Rotterdam. Die Omas waren bester Stimmung. Diese war zum

Glück auch durch Chef-Oma Zumpelbys „Wichtige Hinweise für einen erfolgreichen Urlaub" nicht getrübt worden.

Kurz nach der Abreise hatte Oma Zumpelby die deutschen Omas ermahnt: <<Das ist besonders wichtig für diejenigen unter uns, die noch nie im Ausland gewesen sind. Da wir in ein anderes Land fahren, werden einige Dinge anders sein als ihr es von zu Hause her gewohnt seid. Das ist völlig normal. Ich möchte nicht, dass ihr über die anderen Gegebenheiten meckert, oder euch gar beschwert. Auch wenn's die heiß geliebte Currywurst mit Pommes rot-weiß nicht gibt. Leider sind wir Deutschen dafür bekannt, dass wir uns im Urlaub häufiger beschweren als Menschen aus anderen Nationen. Und bitte morgen früh am Frühstücksbüffet auf dem Schiff keine Speisen und Getränke mitnehmen oder gar Brote für den Tagesbedarf schmieren. Und heute Abend auf der Fähre möchte ich auch keine besoffenen Mitglieder unseres Vereins sehen. Ich weiß nicht, wie das bei den Briten ist, aber in Deutschland wird zu viel getrunken. Nach Berichten liegen wir beim Alkoholkonsum weltweit an fünfter Stelle, und mehr als neun Millionen Bundesbürger trinken Alkohol in Mengen, die gesundheitlich bedenklich sind. Bei uns gibt es weit mehr als eine Million alkoholabhängige Menschen, darunter eine Menge Senioren.>>

Auf der Fähre von Rotterdam nach Hull genossen nach einem reichhaltigen Abendessen einige der deutschen Omas die Sonne auf dem Achterdeck, während die Mehrzahl es sich oben in der *Sun Lounge* bequem gemacht hatte und sich angeregt unterhielt. Bei ruhigem Wetter genossen alle die Überfahrt und kamen ausgeruht am nächsten Morgen pünktlich um 8 Uhr in England an. Auch Chef-Oma Zumpelby war zufrieden, hatte es doch weder am Abend noch beim Frühstück irgendwelche Probleme gegeben. Eine Stunde später war die Gruppe in ihrem Reisebus Richtung Schottland unterwegs.

Etwa zur gleichen Zeit saßen die englischen Omas in Glenmarney Manor beim schottischen Frühstück. Oma Plauzenby, sichtlich mit sich und der Welt zufrieden, verkündete gerade <<Da fühlt man sich wie eine feine Dame; dieser hervorragende Service und das Essen, vorzüglich. Zu Hause gib's bei mir morgens nur *Cereals* und ne Tasse Tee. So'n richtiges warmes Frühstück ist mir vielzuviel Arbeit. Also Leute genießt die Zeit hier!>>

<<Oma Stänkerby, falls du wieder was zu meckern hast, müssen wir dich leider auf Wasser und Brot setzen>>, scherzte Ortrud Schnurzelby. <<Irgendjemand hat mir den Gürtel mit den Gobstoppern geklaut.>>

<<Übrigens wisst ihr schon das Neuste von Fartarse?>>, fragte Oma Naughtyby.

<<Los, erzähl schon. Ist der Chief Inspector wieder im Puff gesehen worden?>>

<<Nicht dass ich wüsste. Aber nach Auskunft von unserer Ehrenpräsidentin ist er gestern Nachmittag mit der Fähre von Hull nach Rotterdam gereist. Er denkt nämlich, wir sind inzwischen in Deutschland bei den Niederstedter Omas und hecken mit denen zusammen etwas aus. Hat offensichtlich gut geklappt, unser Ablenkungsmanöver bei der Abreise aus Strettonby, zunächst in Richtung Hull und erst dann nach Norden. Und Oma Moleby hat auch wieder gut funktioniert und Plank von unseren angeblichen Deutschlandplänen berichtet. Stellt euch vor, Fartarse soll, wie er das nennt *undercover* nach Niederstedt unterwegs sein. Er ist in einer Lederhose mit entsprechend zünftigen Hosenträgern, einem Seppelhut und Wanderschuhen gesehen worden.>>

<<Tolles *Outfit* für einen Undercovereinsatz in Norddeutschland>>, amüsierte sich Dr. Mickeyby.

<<So richtig unauffällig>>, lachte Oma Knasterby.

<<Er soll sich bei Else Niedermeyer eingemietet haben. Ihr erinnert euch doch noch: Der Mann von der schönen Else, der Busfahrer Alfons Niedermeyer, verschwand letztes Jahr plötzlich,

und seitdem soll der Gemüsehändler Heini Brunckhorst dort aus- und eingehen>>, fuhr Oma Naughtyby fort.

<<Ich glaube, Edelgard, wir sollten dringend Heini Brunkhorst anrufen>>, murmelte Oma Purzelby. <<Sonst nimmt Heini den Fartarse noch mit nach Hamburg zum Flughafen, falls dieser ihm zu sehr auf den Geist geht oder Heinis Aktivitäten mit der schönen Else stört. Fartarse wird noch dringend in Strettonby gebraucht. Sonst wird es zu langweilig.>>

<<Stimmt, ich sag Heini Bescheid. Er soll etwaige Verschickungspläne unbedingt unterlassen>>, antwortete Oma Naughtyby leise.

Als der deutsche Reisebus am Spätnachmittag in Glenmarney Manor eintraf, waren die deutschen Omas zwar müde von der langen Reise, jedoch begeistert von dem Empfang, der ihnen von den englischen Omas und dem Personal bereitet wurde. Die Strettonby Grannies, alle in ihrer Vereinskleidung, die Regenschirme mit Krücken geschultert, standen stramm, als die Internationale erklang und die Niederstedter Großmütter aus dem Bus stiegen. Nach einer kurzen Begrüßung der Gäste schritten Sieglinde Grimmelby und Gerda Zumpelby die Ehrenformation ab. Wenig später waren dann noch die Ehrenpräsidentin Rosa Livingston und der zum Treffen der Omas in Glenmarney Manor als Ehrengast eingeladene Revd. John Peabody eingetroffen.

Am Abend fand ein offizielles Willkommensdinner statt, zu dem die Vorstandsmitglieder der beiden Vereine am *High Table* Platz nahmen. Bei ihrem Eintreten in den Speisesaal hatte sie die Zeremonienmeisterin Frieda Frisby *MC*, jeweils unter Pochen mit dem Zeremonienstab auf den Boden, einzeln angekündigt. Oma Frisby war, wie es sich für das von ihr wahrgenommene Amt gehörte, mit roter Hose und kurzer schwarzer Jacke bekleidet und trug die für eine MC üblichen Schnabelschuhe. Die übrigen

Vereinsmitglieder hatten während des Einzuges der Vorstandsmitglieder gestanden und erst danach ihre Plätze an den Tischen unten im Saal eingenommen. Nach den Ansprachen der beiden Chef-Omas wandte sich Rosa Livingston an den neben ihr am High Table sitzenden John Peabody: <<John, *would you please say grace.*>>

Nach dem Tischgebet wurde ein siebengängiges Menü serviert, von dem die Versammelten, mit Ausnahme von Herta Stänkerby, noch lange schwärmten. Schon während des Festessens hatte Herta Stänkerby einiges zu bemängeln, woraufhin Oma Schmidt-Zacke nur meinte <<Na Herta, willst du nicht mal zwecks Reflexion zu uns ins Institut kommen? Oma Ponzenby und ich könnten dann zusammen mit dir überlegen, wie das mit deiner Unzufriedenheit ist.>>

<<Kannst du dir sparen, Herta!>>, warf Oma Plauzenby ein. <<Bei deiner ewigen Meckerei gibt's für mich nur eine Erklärung: Du musst irgendwo auch deutsche Vorfahren haben.>>

<<Soweit Annabell Plauzenbys ,Psychologie für Eilige'>>, warf Olga Ponzenby ein. <<Pass bloß auf Annabell, sonst müssen wir dich noch ins Institut einladen.>>

<<Bei mir gibt's absolut nichts zu reflektieren. Habt ihr das immer noch nicht gemerkt!>>

<<Tja, wir sind eben nicht so schnell wie du, Annabell.>>

Die nächsten Tage waren ausgefüllt mit einem umfangreichen Ausflugs- und Besichtigungsprogramm, bei dem u.a. Loch Lomond, Oban, Fort William, Glencoe, die Isle of Skye und Edinburgh auf dem Programm standen. Beim Besuch in Edinburgh hatten einige der deutschen Omas sich mit deutschen Zeitungen eingedeckt und lasen diese auf der Heimfahrt. Plötzlich hörte man Lachen hinten im Bus, und Oma Nothose rief aufgeregt <<Leute,

wenn ihr das Neuste von Fartarse hören wollt, lasst mich nach vorne ans Mikrofon!>>

<<Erzähl, Oma Nothose, du bist nun auf Sendung!>>, befahl Oma Naughtyby aufgeregt, nachdem sie ihrer Kollegin das Mikrofon gegeben hatte.

<<Eine unserer nationalen Zeitungen nimmt auf die Verhaftung von vier Personen durch die deutschen Sicherheitsbehörden Bezug, über die diverse Medien gestern berichtet haben sollen. Bei den Personen soll es sich um drei deutsche und einen englischen Staatsbürger gehandelt haben, die unter dem Vorwurf der Planung und Vorbereitung von Straftaten im Zusammenhang mit einem anstehenden Castortransport in Gewahrsam genommen wurden. Die Festnahmen seien nach vertraulichen Hinweisen aus Quellen erfolgt, die die Sicherheitsbehörden aus ermittlungstechnischen Gründen nicht genannt hätten. Man hätte lediglich angedeutet, dass es sich dabei um Kreise gesetzestreuer Bürger handele. Heute seien die vier Festgenommenen überraschenderweise ohne Angabe von Gründen wieder auf freien Fuß gesetzt worden. Nach Informationen der Zeitung, die jedoch von offizieller Seite bestritten werden, handelt es sich bei den vier Personen um drei zur Unterwanderung, Beobachtung und Ausforschung der Anti-Atomkraftbewegung eingesetzte Agenten sowie um einen englischen Kriminalbeamten, der bei seiner Undercoverarbeit ins Visier der Behörden gelangt ist. Dieser Beamte, ein Chief Inspector Plank B.A., hat sich in einem Telefoninterview mit der Zeitung sehr verärgert über seine ungerechtfertigte Festnahme geäußert und die Sache an die Öffentlichkeit gebracht. Gerade er als jahrelanger Bewunderer deutscher Sicherheitsbehörden sei äußerst enttäuscht von seinen Idolen. Obwohl er sofort auf seine Unschuld und die Tatsache hingewiesen habe, er sei hoher englischer Polizeibeamter, habe man ihm lange keinen Glauben geschenkt und sogar die Echtheit seines Ausweises angezweifelt. Erst eine Intervention von

englischer Seite habe schließlich zu seiner Freilassung am heutigen Tage geführt...>>

Kaum hatte Oma Nothose ihren Bericht beendet, brach ein schallendes allgemeines Gelächter und Gejohle im Bus aus. Die Omas konnten sich kaum beruhigen, und Oma Plauzenby prustete <<Ich habs' geahnt, dass die drei Leute und ihre Auftraggeber noch alt aussehen würden. Tolle Vorstellung, und das ganz ohne unser Zutun.>>

Die Abende verbrachten die Omas am Kamin in der *Lounge* von Glenmarney Manor. An den meisten Abenden stand Oma Plauzenby hinter der hauseigenen Bar und versorgte die Omas mit Getränken. Diese Aufgabe, die sie mit großer Freude versah, konnte sie ohne Hilfskräfte wahrnehmen, denn, wie in Großbritannien üblich, holten sich die Gäste die Getränke an der Bar ab und zahlten dort sofort.

<Zwar kenne ich den Betrieb gut von der anderen Seite der Bar, wollte jedoch immer schon wissen, wie sich das hinter der Bar als ‚Herrscherin über die Getränke' anfühlt>, dachte Annabell Plauzenby zufrieden.

An einigen Abenden hatten die Gastgeberinnen für Unterhaltung durch Musiker aus der Umgebung gesorgt, so auch am 78. Geburtstag von Chef-Oma Grimmelby. Alle waren bei guter Stimmung, auch Herta Stänkerby, als nach einem Tusch drei stattliche Herren in Feuerwehruniformen mit den Worten <<Wo brennt's?>> in die Lounge gestürmt kamen.

<<Dort hinten>>, rief Annabell Plauzenby und zeigte auf Sieglinde Grimmelby.

<<Das wird nen harter Einsatz, Leute>>, raunte einer der Männer seinen Kollegen zu, als er die Chef-Oma mit dem grimmigen Blick aus der Nähe sah.

<<Wir sind Ihre Geburtstagsüberraschung, Madam>>, vermeldeten kurz darauf die Männer im Chor und begannen unter aufmunternden Zurufen der versammelten Omas einen Striptease.

<<Na Sieglinde, ist das nicht ein nettes Geburtstagsgeschenk, gleich drei so gut gebaute Herren>>, fragte Oma Plauzenby, die inzwischen hinter der Bar hervorgekommen war und aufmerksam das Geschehen verfolgte.

<<*Disgusting, absolutely disgusting*, dass die sich hier in der Öffentlichkeit einfach ausziehen, und dann auch noch zu Musik>>, schimpfte Oma Grimmelby mit grimmigen auf die Stripper gerichteten Blick.

<<Tut mir leid, Sieglinde, dass du nicht ganz zufrieden bist>>, bemerkte die deutsche Chef-Oma Gerda Zumpelby. <<Aber wir konnten hier trotz intensivster Bemühungen keine strammen Herren in grünen Uniformen auftreiben. Da mussten es die Feuerwehruniformen sein. Und Annabell Plauzenby meinte, es sei ja auch hilfreich und nicht zu verachten, dass du nach erfolgter Vorstellung noch die freie Auswahl hast.>>

<<Oma Grimmelby, für das *Strippagram* wir haben alle zusammengelegt und uns die Sache was kosten lassen, damit du, unsere verehrte Chef-Oma, etwas Ordentliches zum Geburtstag bekommst>>, fügte Oma Plauzenby hinzu. <<Für dich ist uns nichts zu teuer.>>

Sieglinde Grimmelby war gerührt, zeigte es aber nicht, sondern verfolgte den Strip mit einem desinteressiert wirkenden Blick und dachte <Mal sehen, was der Abend noch so bringt>.

Leider war die gemeinsame Zeit der deutschen und englischen Omas in Glenmarney Manor fast vorbei, als für den nächsten Abend eine gemeinsame Sitzung der beiden Vereine mit offiziellem Abschiedsessen auf dem Programm stand. Auf Einladung von Oma Grimmelby war zu dieser Veranstaltung Inspector Smart als *Speaker* angereist. Zur Freude der Veranstalter hatte sich Smart bereit erklärt, einen humorvollen Vortrag mit dem Titel „Grannies, eine Gefahr für die Öffentliche Sicherheit und

Ordnung? Ein Phänomen schlimmer als die Polizei erlaubt?" zu halten.

<<Bedauerlicherweise ist Chief Inspector Plank mit dringenden Angelegenheiten im Ausland beschäftigt, so dass er nicht selbst als Speaker des Abends tätig werden kann>>, erläuterte Smart der Chef-Oma bei einem Drink in der Lounge mit sichtlicher Zufriedenheit. <<Ich wollte Sie nicht enttäuschen und bin daher gerne für den Chief Inspector eingesprungen, Madam.>>

Dann setzte er leise hinzu <<Soweit die offizielle Lesart. Im Vertrauen: Ihr Omas und eure Lebensart seid mir immer schon recht sympathisch gewesen, und ich freue mich, euch mal aus erster Hand und ohne Fartarse zu erleben.>>

Im Rahmen der gemeinsamen Sitzung verlieh Chef-Oma Zumpelby unter Tagesordnungspunkt 5 ihrer deutschen Schatzmeisterin Kunigunde Hubendubler besonders im Hinblick auf deren Verdienste im Zusammenhang mit dem diesjährigen Betriebsausflug den Orden Erster Klasse der Niederstedter Vereinigten Großmütter.

Bevor Inspector Smart mit seinen Vortrag an der Reihe war, oblag es ihm, wie jedem Speaker, die von den Mitgliedern der Strettonby Grannies gebackenen Scones zu verkosten und zu bewerten, eine Aufgabe, die der Inspector äußerst gewissenhaft wahrnahm. Wegen bestimmter misslicher Vorfälle im vergangenen Jahr hatte Oma Helperby wie ein Luchs darauf geachtet, dass die vom Wettbewerb ausgeschlossene Oma Naughtyby keine von ihr gebackenen Scones einreiche, und auftragsgemäß Oma Grimmelby unter Überreichung der Teilnehmerliste berichtet.

<<Ich denke, die Scones Nummer 11 sollten mit dem ersten Preis ausgezeichnet werden>>, vermeldete Paul Smart der Chef-Oma Grimmelby.

<<Nummer 11?>>, staunte Sieglinde Grimmelby und sah Smart zweifelnd an. <<Sind Sie da sicher, Paul?>>

<<Ganz sicher, Madam. Die Scones haben die gewünschte Größe, sind locker und schmackhaft; einfach perfekt.>>

<<Nach der mir vorliegenden Teilnehmerliste ist Wettbewerberin Nummer 11 unsere Schatzmeisterin, Oma Pingelby, und deren Scones sind immer hart wie *Rock Cakes* und praktisch ungenießbar>>, schüttelte Oma Grimmelby den Kopf. <<Aber manchmal geschehen noch Zeichen und Wunder, und Emma Pingelby hat ausnahmsweise nicht an den Zutaten gespart. Herzlichen Dank für die Verkostung und Bewertung Paul.>>

<<Sieglinde, glaubst du wirklich, dass Oma Pingelby die Scones Nummer 11 gebacken hat?>>, fragte Oma Mickeyby.

<<Selbstverständlich nicht, Adelgard. Bestell bitte sofort Oma Naughtyby: Sie soll sich unverzüglich bei mir zum Rapport einfinden!>>

Wenig später stand Edelgard Naughtyby in Habachtstellung vor der Chef-Oma, die sie mit einem ihrer für schwere Fälle vorgesehenen supergrimmigen Blick musterte. <<Edelgard Naughtyby, du hast doch nicht etwa heimlich die Scones von Oma Pingelby gegen deine ‚Spezialscones' mit Hasch ausgetauscht.>>

<<Aber Sieglinde, würde ich so etwas jemals tun?!>>

<<Jetzt bist du zu weit gegangen, Oma Naughtyby. Als du letztes Jahr Revd. Peabody mit deinen Haschscones außer Gefecht gesetzt hast, war das schon überhaupt nicht lustig. Ein Glück, dass John deinen Streich mit Sense of Humour nahm. Aber bei Inspector Smart ist das etwas anderes. Wie findest du es eigentlich, wenn der nette und uns wohlgesonnen Inspector am eigenen Leib Zeuge vom Haschkonsum bei den Strettonby Grannies wird und darüber später berichtet.>>

<<Das muss auf jeden Fall verhindert werden>>, sagte Dr. Mickeyby. <<Ich denke, nach dem Verursacherprinzip ist es allein die Aufgabe unserer lieben Oma Naughtyby die Sache auszubügeln. Und, Edelgard, damit fängst du jetzt sofort an und kümmerst dich pausenlos um Paul Smart, dem nicht klar werden darf, was da eigentlich läuft. Dir wird schon etwas einfallen. Hier ist dein voller Einsatz gefordert.>>

<<Wie ich höre, liebe Edelgard, soll *entertaining members of the opposite sex* dir nicht fremd sein>>, sagte Sieglinde Grimmelby mit bittersüßer Stimme, wobei es ihr gerade noch gelang, ein leichtes Schmunzeln zu unterdrücken.>>

<<Das wäre geregelt, Adelgard>>, sagte die Chef-Oma erleichtert, als Oma Naughtyby sich in Richtung Inspector Smart aufgemacht hatte. <<Da es nun mit Paul Smarts interessantem Vortrag nichts wird, benötigen wir einen neuen Speaker. Aber auf keinen Fall Oma Plauzenby und ihre Überlegungen zur Verbesserung der Struktur der kirchlichen Angebote.>>

<<Tja, so kurzfristig bleibt uns dann nur Revd. Peabody und sein Vortrag über die neueren Entwicklungen im deutschen Protestantismus.>>

<<John ist zwar ein lieber, hilfsbereiter, patenter Mensch, den wir alle sehr gern mögen>>, meinte Sieglinde Grimmelby, <<aber um ehrlich zu sein, der Vortrag, den ich nicht zum ersten Male höre, *bores the pants off me.*>>

<<Da fällt mir gerade ein, dass ich John schon immer einmal fragen wollte, ob es zutrifft, was ich neulich gelesen habe: Der Luther soll oft an Verstopfung gelitten haben. Falls ja, könnte man auch Oma Plauzenby nach ihren Thesen dazu befragen.>>

<<Aber auf keinen Fall heute Abend, Adelgard; wir haben schon genug Probleme.>>

<<War doch nur ein Scherz, Sieglinde.>>

Mit erstem Gesicht und interessiertem Blick schien die Chef-Oma aufmerksam dem Vortrag von Revd. Peabody zu folgen.

Na Sieglinde, hat's dir vor Langeweile schon die Hose ausgezogen?>>, witzelte leise eine gelangweilte Dr. Mickeyby.

<<Noch nicht, Adelgard, aber ich überlege die ganze Zeit, ob Revd. Peabody nicht zum Katholizismus konvertieren sollte, damit wir von ihm endlich mal was Neues zu hören bekommen.>>

<<Wenn ich dich so höre, wäre es wohl keine gute Idee, im nächsten Jahr die neue Lutherbotschafterin als Speaker einzuladen, Sieglinde>>, sagte Oma Mickeyby, woraufhin sie als Antwort einen vernichtenden Blick von Oma Grimmelby erhielt.

Oma Schmidt-Zacke:
Englisch für Durchblicker

Strettonby Grannies United
Vereinigte Omas von Strettonby

Doc Marten Boots
DocMarten Stiefel

Senior Citizen Worker
Person, die mit älteren Mitbürgern arbeitet (dem *Youth Worker* [‚Jugendarbeiter'] nachempfundene Wortschöpfung des Autoren)

Aidby
von *aid* [hilfreiche Person] abgeleiteter Kunstname

Mickeyby
von *to take the mickey* [jdn veräppeln] abgeleiteter Kunstname

Naughtyby
von *naughty* [ungezogen, unartig, dreist, frech] abgeleiteter Kunstname

Chief Inspector
Chefinspektor

Fartarse
aus *fart* [Furz] und *arse* [Arsch] zusammengesetzter Kunstname

B.A. * = *Bachelor of Arts*

141

Bakkalaureus [erster akademischer Titel] der philosophischen Fakultät. (*In GB ist es verbreitet, auch derartige Titel dem Namen hinzuzufügen, z. B. John D. Smith B.A.)

Official Secrets Act
Brit. Gesetz zur amtlichen Schweigepflicht

Sense of humour
Sinn für Humor (in GB eine wichtige Charaktereigenschaft)

Reds under the beds
Die (polit.) Roten, die unter den Betten lauern.

Mum's the word!
Absolutes Stillschweigen darüber!

Five o'clock Tea
Fünfuhrtee

Cucumber sandwiches
kleine mit Gurken belegte Weißbrotschnittchen

Scones with clotted cream
brötchenartiges Buttergebäck, das mit aus gekochter Sahne hergestellter Creme bestrichen wird

Aga
Eiserner, nach alter Vorlage gebauter Herd in der Küche

Waitrose
Vornehmste und teuerste brit. Supermarktkette

Posh
Vornehm

Supper
Mahl zum Abend

Dinner
Hauptmahlzeit, Abendessen, formelles Abendessen

Ponzenby
von *to ponder* [nachdenken, abwägen] abgeleiteter Kunstname

Institute for Growth and Decision-Making
Institut für Wachstum und Entscheidungsfindung

Pantomime
Brit. 'Weihnachtsmärchen'

Piece of Cake
Nichts leichter als das! Kleinigkeit!

Happy and merry Christmas
Frohe und fröhliche/ vergnügte Weihnachten

Curate
VikarIn

Briefing
Einsatzbesprechung

The proof of the pudding is in the eating
Probieren geht über Studieren

Watching paint dry
Der Farbe beim Trocknen zusehen

You have got a one-track mind

Du denkst immer nur an das Eine.

Pint
0,568 Liter ('richtige' britische Männer trinken nur Pints [große Biere] und keine Half-pints [kleine Biere])

Immigration Officer
Beamter der Einwanderungsbehörde

Revd. = Reverend
Pfarrer, Pastor

That would be more than my job's worth
Das ist nicht meine Aufgabe. (Äußerung eines Paragrafenreiters bzw. einer Person, die ihren Job absichtlich in einer unkooperativen und obstruktiven Weise versieht.)

That's life!
So spielt das Leben!

Jobsworth-Dienstmütze
Pragrafenreiter-Dienstmütze

Staple diet
Haupt- und Grundnahrung

Chief Constable
der Polizeipräsident, der Chef der Polizei in einer Grafschaft

Inspector
Inspektor

Won't be a minute
Es dauert nicht mal eine Minute

Meetings
Besprechungen, Konferenzen

Local Talent
Typen, ‚Bräute'

Nine out of ten
Neun von zehn: nach Punktebewertungssystem, bei dem zehn die höchste Punktzahl darstellt.

We are going to paint the town red
Wir machen die Stadt unsicher

Well, did you get laid all right?
Nun, bist du, wie geplant, flachgelegt worden?

If you feel cold, don't show it!
Falls du frierst, zeig es nicht!

Stiff upper-lip
‚Steife Oberlippe' = Ausdruck für Haltung bewahren

He really wanted to get into my knickers
(Wörtl.: Er wollte unbedingt in meinen Schlüpfer.) Er wollte mir unbedingt an die Wäsche.

Chat-up Line
‚Anbaggerungs'-Eröffnung

Well, that wasn't my night
Nun, das war nicht meine Nacht

Certified

Hier: Amtlich für unzurechnungsfähig erklärt worden sein

That was the last straw ...
Das brachte das Fass zum Überlaufen.

Strettonby Daily
Strettonby-*Tageblatt*

Lingby Constabulary
Die Polizei von Lingby

The Sun
englische Zeitung der Regenbogenpresse; die englische ‚Bild'-
Zeitung

Washroom
(Am.) Altmodische Bezeichnung für Toilette

Sergt. = Sergeant
Polizeimeister

Pot
Topf

Rien ne va plus!
Nichts geht mehr!

Standing ovations
Stürmischer vom Publikum im Stehen erbrachter Beifall

Peanuts
Hier: Kleingeld

Raid

Razzia

Hut
Hütte, Baracke

Biscuits
Kekse

Full English Breakfast
Komplettes englisches Frühstück

Marmelade
Orangenmarmelade

Jam
Alle Marmeladen mit Ausnahme der aus Zitrusfrüchten hergestellten Marmeladen

The Galleyslave Programme
Das Galeerensklavenprogramm

Job title
Berufsbezeichnung, Stellenbezeichnung

If that's not good for a laugh
Wenn das nicht lustig ist

You have had your say.
Sie haben Ihre Meinung äußern können.

Public Inquiry
Öffentliche Untersuchung

Once upon a time

Es war einmal

We are terribly sorry
Entschuldigung, Verzeihung; es tut uns sehr Leid

Cottage
Häuschen

Good thinking
Gute Idee

A jolly good idea!
Eine ‚tolle' Idee!

Disorderly Behaviour
Ungebührliches Benehmen

Public Order Offence
Verstoß gegen die Öffentliche Ordnung

Alfresco unrinator
Euph. für jemand, der im Freien uriniert

Citizen's arrest
Festnahme durch eine Zivilperson

Private facilities
Badezimmer

Red Leicester
Eigentlich rötlicher Käse; hier auch (polit.) Rotes Leicester

Guardian
Brit. nationale Zeitung

G & T = Gin and Tonic
Gin mit Tonicwasser (beliebt bei vielen englischen Damen)

Newcastle Brown Ale
Dunkles kräftiges Bier aus Newcastle

Fish & Chips
Fisch & Pommes (das brit. Equivalent zu Currywurst mit Pommes)

On the double!
Aber dalli!

Holy Island
Insel vor der Nordostküste Englands, die nur bei Ebbe auf dem Landwege zu erreichen ist

Spa
Gesundheitsfarm, Wellness-Center

House of ill repute
Euph. für Bordell

House of profession
Euph. für Bordell

Naughty house, bawdyhouse, sporting-house, knocking shop, hot-pillow hotel
Euph. für Bordell

Sauna
Sauna

Sauna parlour

Euph. für Bordell

Noseyby
von *nosey* [neugierig] abgeleiteter Kunstname

Hot tub
Heißer Zuber

The Swingers of the North East
Die Swinger des Nordostens

If you can't beat them, join them!
Wenn du sie nicht besiegen kannst, mach mit!

Cafeteria
Cafeteria, Selbstbedienungsrestaurant

Coffee bars
Cafés

I'll put the kettle on.
Ich stell mal eben das Kaffee-/Teewasser an

A nice cup of tea
Eine schöne Tasse Tee

Roast Beef & Yorkshire Pudding
Roastbeef und 'Yorkshire Pudding' (gebackener Eierteig)

Ladies who lunch
Damen, die sich zum Mittagessen treffen/ die zusammen den Lunch einnehmen

Jolly Observer

Der vergnügte Beobachter

Posse
(Am.) Aufgebot des Sheriffs zur Verfolgung von Gesetzesbrechern

Egg all over their faces
Sie standen dumm da

Shopping Centres
Einkaufszentren

Caledonian Sleeper
Schlafwagenzug von Schottland nach London

Money-spinner
Verkaufsschlager

Single malts
Single Malt Whiskys

McEwans
Bekanntes schottisches Bier

Take three
Die dritte (Aufnahme)

Office Christmas parties
Weihnachtsfeiern in der Firma, im Büro

Hanky-panky
Euph. für sexuelle Handlungen, Fummeln

Willy
Euph. für Penis

Percy
Euph. für Penis

Cue cards
Stichwort-Karten

PhD = Doctor of Philosophy
Doktor der Philosophie

No rest for the wicked!
Keine Ruhe für die Verruchten/ Lasterhaften/ Bösen!

Spot on!
Ausgezeichnet! Vortrefflich! Haargenau!

Point taken
Verstanden

Children should be seen not heard
Kinder sollten nur zu sehen, aber nicht zu hören sein

Anti-Social Behaviour Order (ASBO)
Anordnung/ Sanktion aufgrund asozialen Verhaltens

Closed due to private function
Geschlossen wegen geschlossener Gesellschaftsveranstaltung

When the cat is away the mice will play
Wenn die Katze aus dem Haus ist, tanzen die Mäuse auf dem Tisch

Supergrass
TopinformantIn

Moleby
von *mole* [SpionIn] abgeleiteter Kunstname

Black Bull
Zum Schwarzen Bullen

Ghetto Blaster
Großes Kofferradio

Social call
Privater Besuch

Between you, me and the gate-post
Im Vertrauen/ unter uns gesagt

You know a thing or two
Du weißt Bescheid

Brunch
Kombination von *Breakfast* und *Lunch*

Needless to say, Madam Chairperson
Versteht sich von selbst/ natürlich, Frau Vorsitzende

Hilarious
Urkomisch

Mr Mayor
Herr Bürgermeister

I am extremely sorry, Sir

Es tut mir außergewöhnlich leid, *Sir*

A good telling off
Kräftig ausgeschimpft werden

To keep a low profile
vorsichtiges, zurückhaltendes Herangehen an eine Sache

Party trail
Party-Weg

Rugby songs
Unanständige, ordinäre Lieder, die oft von Rugbyspielern nach dem Spiel gesungen werden

Event
Ereignis

Working class
Arbeiterklasse

Festive Season
Festzeit/ Weihnachtszeit

Another jolly good idea!
Noch eine ‚tolle' Idee!

Don't worry I stand next to you!
Mach dir keine Sorgen, ich stehe dir zur Seite!

Well, that's why I am getting worried
Nun, gerade das macht mir Sorgen

Peppercorn rent
Eine symbolische, nominelle Miete

Outrider
BegleiterIn auf Krad

Toffs
Feine Pinkel

Madam
Gnädige Frau

Dungeons
Verließe, Kerker

High Street
Hauptstraße

Pub
Kneipe, Wirtschaft, Lokal, Gaststätte

Gobstopper
Riesenbonbon, Riesenlutscher, der den Mund (the gob) stopft

To do the honours
Die Gastgeberin spielen

Sun lounge
Glasveranda; hier: Sonnendeck

Cereals
Cornflakes, Müsli etc.

Undercover
Geheim, verdeckt; in geheimer Mission

High Table
erhöhter Tisch für Lehrer, Professoren, Dozenten oder Honoratioren

MC = Mistress of Ceremonies
weiblicher Zeremonienmeister

Would you please say grace
Würdest du bitte das Tischgebet sprechen

Lounge
Salon

Disgusting, absolutely disgusting
Widerlich, absolut ekelhaft

Strippagram
Ein durch Angestellte einer Agentur persönlich übermittelter Geburtstagsgruß (oder ähnlicher Gruß) mit Striptease

Speaker
Redner, Referent

Rock cakes
Kleines Gebäck mit getrockneten Früchten, das aussieht wie ein Fels und manchmal auch so hart ist

Entertaining members of the opposite sex
Hier: Unterhalten, belustigen von Vertretern des anderen Geschlechts; für deren Zeitvertreib/Vergnügen sorgen

Wenn Sie wissen wollen, wie es mit den Strettonby Grannies begann, dann lesen Sie:
Jürgen Heimer: Vorsicht! Bissige Omas! Die Strettonby Grannies – 2010
ISBN 978-3-8391-5222-5, 140 Seiten, 9,90 €.

Gelingt es *Detective Inspector* Plank, genannt *Fartarse*, die gemeingefährlichen Omas wenigstens für einige Zeit einzubuchten, die seiner Meinung nach dringend auf Dauer hinter Schloss und Riegel gehören? Oder können Chef-Oma Grimmelby, Ehrenpräsidentin Rosa Livingston und Oma Dr. Mickeyby das mit vereinten Kräften verhindern? Ist die erste Reise zum norddeutschen Partnerverein der Niederstedter Vereinigten Großmütter eine gute Idee? Welche Rolle spielen Revd. Peabodys *Curate* und der Referendar von Rosa Livingston? Gibt es irgendeine Verbindung der *Strettonby Grannies* zur in England offiziell verbotenen Prostitution? Kann man es als deutsche Oma zur Weihnachtszeit in England aushalten? Wie ist das mit dem *culture clash*? Was haben die Omas mit Popeye, dem ‚Seemann mit dem harten Schlag' zu tun? Darf man Gorillas auf die Reise schicken? Was sind Chef-Oma Grimmelbys geheimste Wünsche? Dies und vieles mehr im ersten satirischen Roman über die Unternehmungen, Taten und Eskapaden der liebenswerten *Strettonby Grannies*!